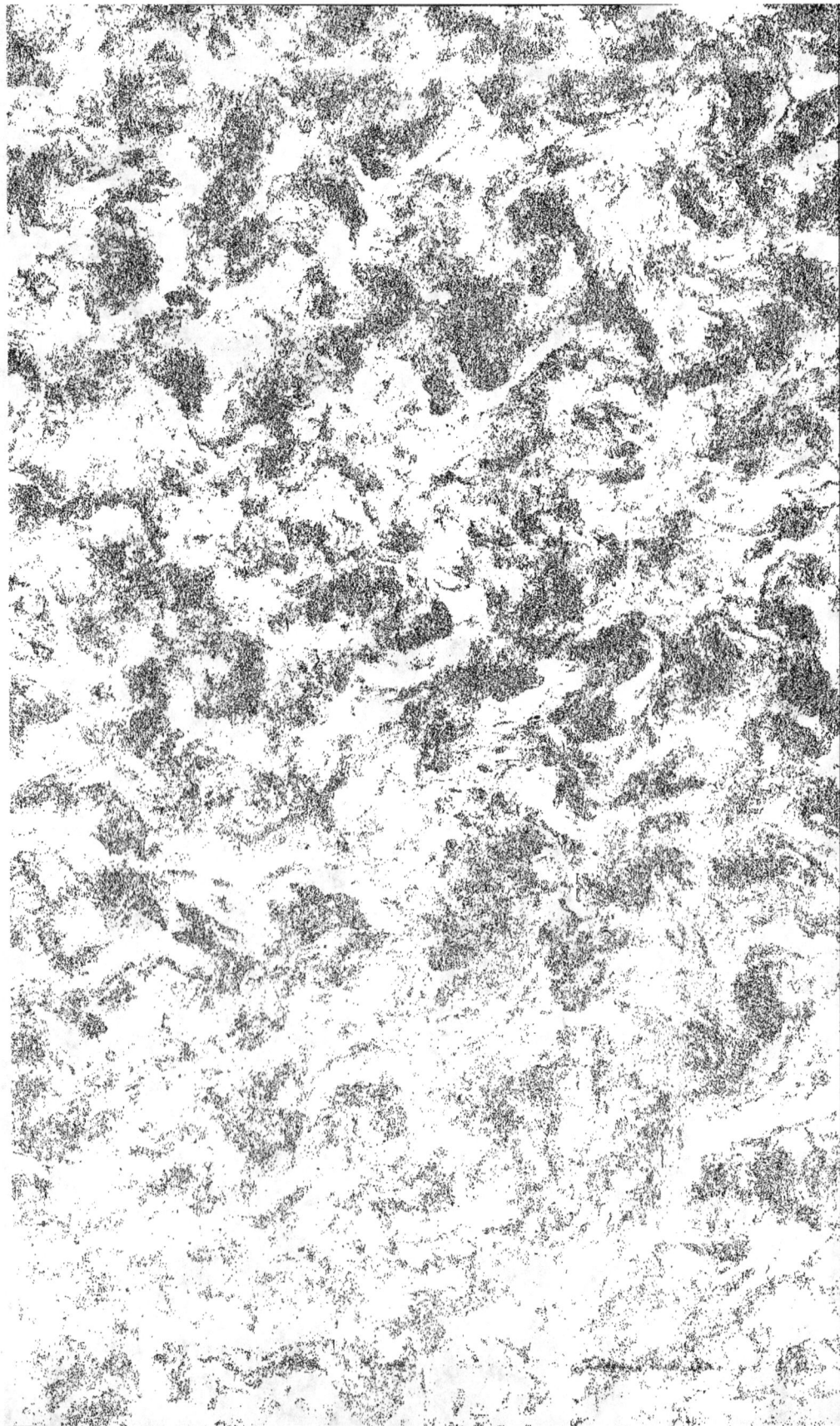

LA FRANÇAISE DU SIÈCLE

OCTAVE UZANNE

LA FEMME
ET
LA MODE

Métamorphoses
de la
Parisienne
de
1792 à 1892

LA FEMME ET LA MODE

MÉTAMORPHOSES DE LA PARISIENNE

De 1792 à 1892

Tableaux successifs de nos mœurs et usages depuis cent ans

PAR

OCTAVE UZANNE

ILLUSTRATIONS DANS LE TEXTE
Par A. LYNCH et E. MAS

FRONTISPICE EN COULEUR
De Félicien ROPS

COUVERTURE
DE
LOUIS MORIN

PARIS
ANCIENNE MAISON QUANTIN
7, RUE SAINT-BENOIT, 7
—

EN VENTE
A PARIS

PARIS
ANCIENNE MAISON QUANTIN
7, RUE SAINT-BENOIT, 7

1892

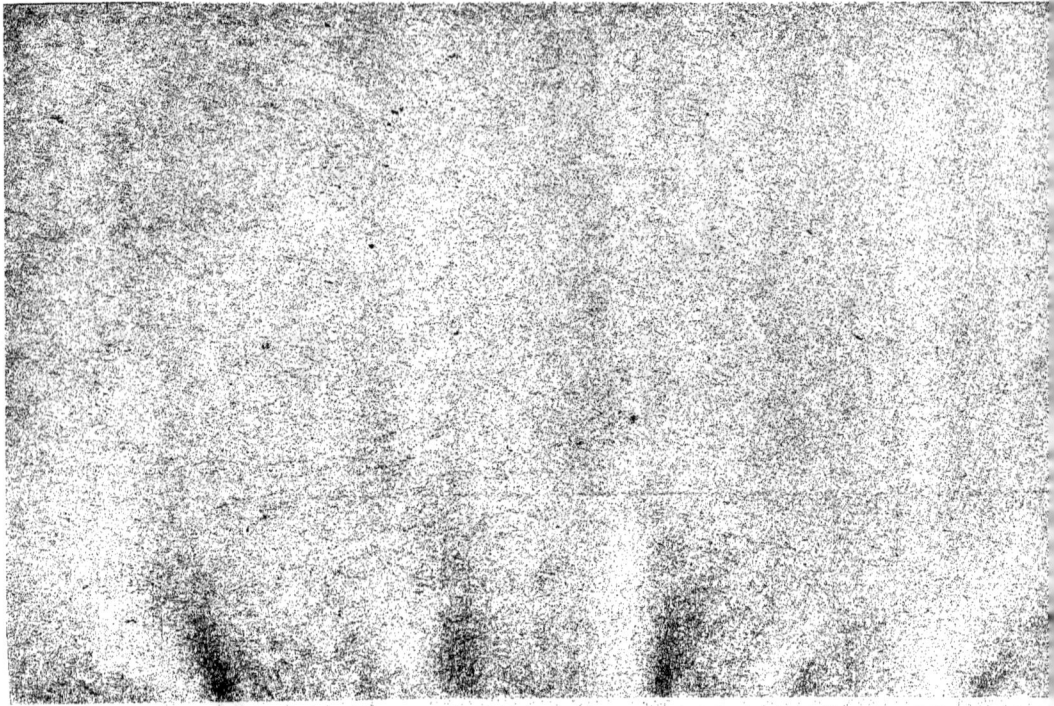

LA FEMME ET LA MODE

Le vêtement des femmes a presque toujours subi les mêmes variations que leur vertu.

***

Une mode n'est ridicule que lorsqu'elle commence ou quand elle finit.

***

TIRAGE A MILLE EXEMPLAIRES

955 Exemplaires sur vélin, non numérotés.

25 Exemplaires sur papier du Japon, numérotés de ɪ à xxv.

20 Exemplaires sur papier de Chine, numérotés de xxvɪ à xʟv.

LA MODE — COMME LA FEMME — SOUVERAINE

Frontispice par Félicien Rops

Frontispice

ACHEVÉ D'IMPRIMER

Sur les presses typographiques

DE

L'ANCIENNE MAISON QUANTIN

MAY & MOTTEROZ, Directeurs

A PARIS

AUX FRAIS ET PAR LES SOINS DE L'AUTEUR

CE TRENTE ET UN OCTOBRE
MIL HUIT CENT QUATRE-VINGT-DOUZE.

CHAPITRE II

LA FEMME AU DÉBUT DU SIÈCLE

Les types et les manières

DE NOS JOLIES DÉESSES DE L'AN VIII

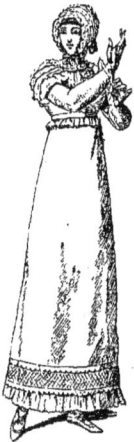

RIGOUREUSEMENT parlant, le début du siècle, janvier 1800, ne commença que le 2 nivôse an VIII. Vers cette date, le tableau de Paris est assez curieux à exposer :

Un arrêté du Bureau central, qui ordonne de fermer les spectacles et les bals publics à dix heures du soir, émotionne outre mesure les amis du plaisir ; c'est une révolution dans les habitudes qui devient une grosse question du jour. On se prépare à souper après le théâtre comme aux temps galants de la Régence ; les coquettes du monde, les déesses aux blanches tuniques disposent leurs boudoirs pour ces réunions nocturnes ; les petites *houris* son-

gent également à attirer chez elles aux heures tardives
les jeunes désœuvrés; on organise partout des hospitalités
vespérales, car nos Parisiennes aiment à veiller tard, à
se distraire, jouer à la bouillotte et au reversis. On ne sent
point, à cette aube encore indécise de notre siècle si
fécond, une heure de repos, de réflexion, de gravité dans
l'inconstance et la folle légèreté de ce peuple où tout
débute, finit, recommence par des chansons.

On se portait cependant en foule à l'exposition des tapisseries des Gobelins, dans la grande
cour du Muséum d'histoire naturelle, ainsi qu'au
Salon des artistes vivants, où des chefs-d'œuvre
de grands maîtres, presque tous consacrés
aux sujets mythologiques, remplissaient
la galerie principale. Les allégories, les
amours des dieux, les aperçus d'Olympe,
les portraits d'actrices en vogue, de la nouvelle école, séduisaient ce public musard et
sensible aux belles choses. Ces Danaé, ces
Mars, ces Vénus, influençaient même la
mode; c'est ainsi que la *Psyché* de Gérard fit abandonner le fard aux coquettes
et parvint à remettre en vogue une « pâleur intéressante ».

Les théâtres étaient très suivis; par une étrange coïnci-
dence, on y montrait presque partout différentes classes de
citoyens menant la vie de famille : à Feydeau, en 1800, on
donne *l'Auteur dans son ménage;* aux Jeunes Artistes,
le Peintre chez Jui; à l'Ambigu-Comique, on vient de représenter avec succès *l'Acteur dans son ménage;* enfin, à
l'Opéra-Comique, il est question de jouer sous peu de jours
Laure ou *l'Actrice chez elle*[1]. A la suite du citoyen Gosse

1. Cette pièce fut jouée, en effet, en vendémiaire an VIII, par la citoyenne
Saint-Aubin.

CHAPITRE II

LA

FEMME AU DÉBUT DU SIÈCLE

TROUVEZ ICI MES SOUHAITS CORDIAUX ET SINCÈRES A CE RENOUVEAU
DU SIÈCLE, ET AGRÉEZ MES COMPLIMENTS ET SOUVENIRS POUR 1901.

Paris , 17 Quai VOLTAIRE.

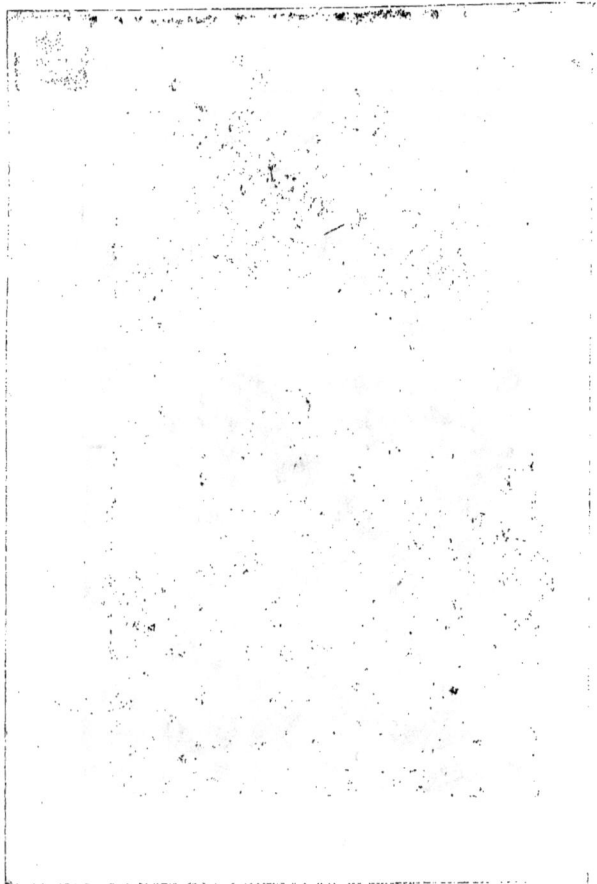

LA FRANÇAISE DU SIÈCLE

LA FEMME ET LA MODE

MÉTAMORPHOSES DE LA PARISIENNE

DE 1792 à 1892

TABLEAU DES MŒURS ET USAGES

AUX PRINCIPALES ÉPOQUES DE NOTRE ÈRE RÉPUBLICAINE

PAR

OCTAVE UZANNE

Édition illustrée de plus de 160 dessins inédits, par A. LYNCH et É. MAS
Frontispice en couleurs de FÉLICIEN ROPS

PARIS

ANCIENNE MAISON QUANTIN

LIBRAIRIES-IMPRIMERIES RÉUNIES

7, rue Saint-Benoît, 7

MAY & MOTTEROZ, DIRECTEURS

1892

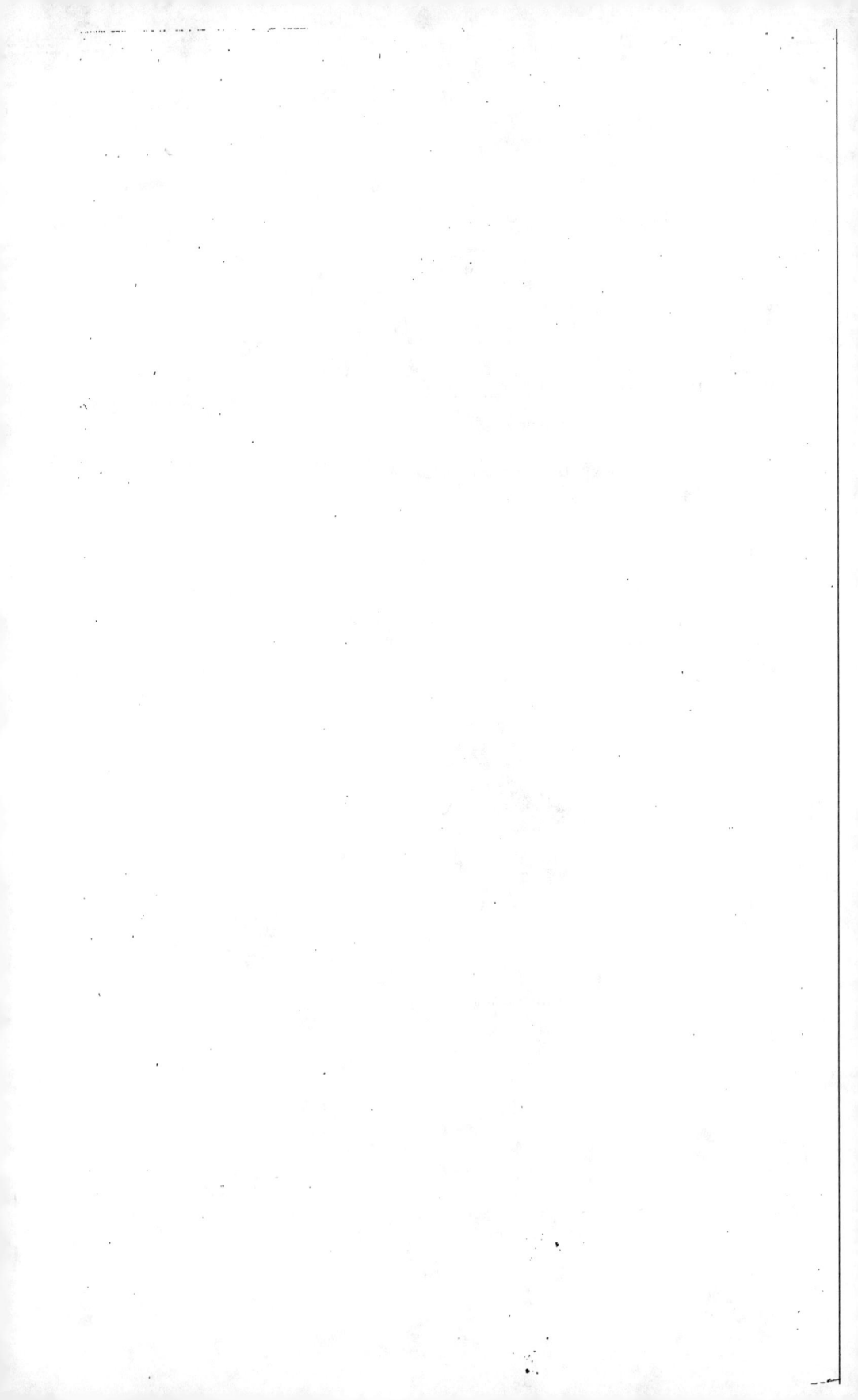

EN DEVANTURE

EXPOSITION DE L'OBJET PRINCIPAL

DE CETTE ÉDITION

a

EN DEVANTURE

EXPOSITION DE L'OBJET PRINCIPAL

DE CETTE ÉDITION

L A Femme et la Mode, *n'est-ce pas le meilleur titre, le plus suggestif, et le mieux congruent au sujet de ce livre qui, sous la rubrique* la Française du Siècle, *apparut, au début de 1886, dans sa première manière et édition?*

C'était alors, on s'en souvient, un somptueux volume, adorné et enjolivé pour la joie d'une élite; Gaujean *y avait* polychromo-gravé, *dans le texte et hors texte, de délicieux tableaux et vignettes à l'aquarelle, qu'Albert Lynch, alors inconnu des amateurs et des artistes, venait de signer pour ses débuts dans l'illustration des livres.*

Le succès immédiat accueillit ce bel in-octavo, apprêté et pomponné avec une galanterie inusitée en librairie et qui s'of-

frait à un public spécial de bibliophiles et d'élégantes lectrices
sous un costume chamarré d'or et de rubans de soie aux tons
roses évanescents de la plus amoureuse allure.

Ce livre paraissait à l'heure bénie des étrennes, à ce moment opportun des cadeaux du nouvel an, en cette période de
fiévreuses recherches, où chacun s'ingénie à découvrir une
offrande capable de faire tourner au madrigal une délicate
attention. Aussi ce volume diapré, enluminé, fanfreluché,
attira-t-il la considération des gentlemen assez judicieux pour
préférer cette emplette à quelque fugitif et banal souvenir composé de fleurs et de confiseries.

L'édition s'épuisa pour ces motifs extérieurs, sans qu'il
en soit peut-être resté dans la mémoire des possesseurs d'autre
écho que celui d'un aimable ouvrage, plaisant au regard,
délicieux au toucher, mais surtout fait pour être manié
avec ménagement, et inspecté avec ravissement, plutôt que vé-
ritablement lu pour son essence même, ainsi qu'un roman du
jour ou une œuvre anecdotique et littéraire en édition d'un écu.

En conséquence, nous pouvons assez logiquement imaginer
que, bibelot d'art bon pour la vitrine ou hochet vaniteux du
collectionneur, cette coquette publication décorative fut assez
généralement reliée avec splendeur et ostentation, avant même
d'être coupée, et que, depuis, en guise d'album ou de keepsake
précieux, elle sert à l'ornement de certaines tables de salons
mondains, à moins qu'elle ne soit enfouie dans la bibliothèque
de quelques brillants amateurs dont la principale vertu est de
ne pas dépuceler leurs livres, — quels qu'ils soient.

Nous voulons bien admettre que certains bibliognostes sérieux aient poussé la sympathie pour nos écrits jusqu'à porter un téméraire couteau dans la pliure des feuilles de cette
première édition si majestueuse en ses atours, mais ce sont là
des « exceptionnels » qui ont inconsciemment commis un crime
de lèse-bibliophilie, et il n'en demeure pas moins assuré dans

notre pensée que les ouvrages très luxueusement imprimés, ornés et illustrés sont en quelque sorte comparables à ces grandes dames qui se gorgiasent dans le faste et le cérémonial du costume au point d'en imposer aux plus amoureux désirs, alors que quelque simple Gothon, par son négligé souple et accorte, mettra les galants en veine de chiffonner ses charmes et de pousser jusqu'au bout l'aventure.

En réalité, la beauté d'une édition, la solidité du papier, l'éclat des gravures, la solennité du texte superbement typo-graphié sont autant d'éléments contraires à l'invitation à la lecture. On regarde sans pénétrer, car la splendeur semble souvent l'ennemie de l'intimité. Les grands palais sont froids et n'offrent point le décor rêvé de l'amour ni du mystère, et les petits livres sont comme les petits logis, ceux qu'on se complaît à fréquenter pour la chaude sympathie qu'on y trouve dans la simplicité même du cadre qui les enveloppe.

C'est pourquoi la vision nous est venue que la plupart des exemplaires de nos ouvrages successivement publiés en brillants équipages d'illustrations précieuses doivent sommeiller, res-pectueusement conservés et inlus, parmi de nombreuses biblio-tières dans leur virginale brochure. — Cette cruelle assurance de nous être momifié à plaisir et par dilettantisme d'art nous a fait peu à peu apprécier l'excessive niaiserie de notre atti-tude de Don Quichotte de la bibliophilie militante, trop stric-tement à cheval sur cette idée rigoureuse de la non-réim-pression d'une œuvre épuisée en librairie.

Certes, nous considérons toujours comme une félonie de procéder à un nouveau tirage d'une édition à petit nombre, dans des conditions semblables comme décoration et prix de vente à celles de la première impression; mais nous estimons que les lois du bibliophilisme ne peuvent mettre un auteur en interdit vis-à-vis de nouveaux lecteurs qui se soucient davan-tage des lettres que des gravures, et nous pensons désormais,

sous des apparences ornementales plus modestes, mais avec des
prétentions littéraires infiniment plus exigeantes, présenter celles
de nos œuvres qui nous agréent à un public encore inapprécié,
mais en tout cas assez amoureux du livre pour le déflorer et le
posséder consciencieusement de la Préface à l'Appendice.

A ce public moins fortuné, nous n'offrirons plus des éditions haut cotées de nos principaux ouvrages, mais de pimpantes réimpressions ornées d'une illustration documentaire
qui paraphrasera l'esprit du texte ; nous ne mettrons plus en
avant dans ces nouvelles publications les recherches de la taille-
douce polychrome ou les difficultés des repérages typographiques, mais nous nous efforcerons de donner, dans un texte
très châtié, de nombreuses vignettes typographiques qui égaye-
ront les pages de leur gentillesse et de leur intérêt de curiosité.

Tous nos livres d'érudition légère, de gaie science historique ou d'observations critiques et psychologiques, nous les
reverrons sans doute avec soin tour à tour, dans le but de les
publier lentement en éditions correctes et entièrement refondues,
afin qu'ils aient chance de rencontrer, dans un milieu de nouveaux lecteurs principalement épris du désir de connaître, une
véritable sympathie intellectuelle, motivée par leur caractère de
littérature curieuse, de fantaisie rare, de physiologie amusante
ou d'histoire féminine.

Pour aujourd'hui, nous remettons en lumière cette Française du Siècle, qui méritait, pensons-nous, d'être en première
ligne exhumée de l'oubli injustifié, en lequel est déjà tombée la
première édition trop vite engloutie dans le Royaume des Biblio-
taphes. — Nous avons repris entièrement le texte de cet ouvrage
afin de lui donner par de successives retouches un complément
de force, d'érudition et de vitalité. Dans l'état où il se présente, espérons que cet ouvrage de la Femme et la Mode réalise
quelques mérites, ne serait-ce que celui d'offrir comme un
panorama curieux de nos mœurs, usages et costumes depuis

la Révolution. Les nombreux dessins que nous y avons semés page à page n'ont pas une relation directe avec le texte, mais ils expriment, dans le cadre même de nos tableaux littéraires, l'histoire des excentricités de la Mode à travers ce Siècle; ils fournissent également le dessus du panier de cet immense Recueil de La Mésangère, dont les rares collections complètes sont estimées plus de trois mille francs et qu'il est impossible aujourd'hui de se procurer si l'on veut posséder un exemplaire dans un état correct et sortable.

C'est l'histoire du bon ton et du snobisme de notre Société qui se déploie dans ce livre; histoire variée à l'infini sur un thème qui semble toujours le même, étude réconfortante et désillusionnante à la fois, car elle nous prouve que l'esprit français s'est toujours montré aussi futile, aussi ingénieux, aussi désintéressé, aussi imprévoyant qu'il l'est encore aujourd'hui, mais aussi qu'il s'est toujours imposé à l'admiration ou à l'envie des autres peuples, comme un enfant terrible, mais merveilleusement doué, dont la bouillante nature désarme, quand bien même elle inquiète.

C'est encore une évocation des règnes successivement évanouis, sous le sceptre à girouette de la Mode, que provoquera la lecture de ces divers chapitres conçus sans prétentions historiques ni considérations politico-morales. Ce livre franchement mondain est rempli surtout du frou-frou des modes, du chiffonné des mœurs, des échos de la vie élégante; c'est le miroir tournant des costumes féminins, l'image aux nuances changeantes de notre frivolité. — Que faut-il de plus?

De jolis doigts roses et effilés tourneront délicatement ces pages, écrivait notre préfacier, il y a sept années déjà; des yeux de femmes, rieurs et inconstants, picoreront le texte à l'aventure; de vieilles et charmantes douairières le liront attentivement, prises soudain d'émotion au souvenir de leurs chapeaux Paméla ou de leurs premières manches à la folle;

autour et à propos de ces chapitres vivants et pittoresques, *les
conversations s'animeront, on remuera les cendres du passé...
Que d'amour et de sensations troublantes nombre de nos mondaines sur le retour n'ont-elles pas laissé dans un canezou
d'organdi ou dans une jupe de barège !*

Certes, *l'évocation d'une mode disparue est, pour beaucoup
de femmes, aussi mélancolique qu'un roman vécu, et ce sera
la philosophie de ce livre de montrer, par la succession des
costumes adoptés avec passion et rejetés avec ennui, que la*
Mode comme la femme est la grande souveraine et que *l'inconstance est l'éternelle loi des peuples, l'éternel pivot des pauvres
marionnettes humaines qui ne font que tourner un moment
dans l'invariable décor de ce monde dont seules les invariables
passions demeurent ici-bas à jamais stéréotypées.*

CHAPITRE PREMIER

LES

IMPUDEURS DU DIRECTOIRE

CHAPITRE PREMIER

LES IMPUDEURS DU DIRECTOIRE

Notes physiologiques

SUR LA NYMPHE ET LA MERVEILLEUSE

Aux premiers jours du Directoire, la plus parfaite anarchie succéda au « Rasoir national ». La Révolution avait tout détruit, même l'empire des femmes; les clubs, les réunions de la rue ne pouvaient que faire disparaître jusqu'aux derniers vestiges des salons de réunion; l'esprit, la grâce, toute la finesse françaises semblaient avoir sombré dans les sanglants délires de la plèbe. — La réaction thermidorienne avait tout à créer, tout à instituer de nouveau; elle avait aussi à honneur d'effacer jusqu'aux souvenirs monstrueux de la Terreur.

Aussi ne fut-il point étonnant de voir en tous lieux renaître le plaisir, les jeux, l'allégresse, après une si longue contrainte; la confusion régna partout; on vécut, pour ainsi dire, dans l'interrègne de la morale; on s'étourdit, on s'oublia, on se grisa, on s'abandonna, on se donna avec facilité et sans prendre garde aux moyens. — La femme, principalement, eut conscience qu'elle venait de reconquérir ses droits les plus charmants. Rien ne l'avait plus révoltée, ainsi que le fit remarquer le citoyen Thérémin[1], que cette tentative absurde de la Révolution qui prétendait introduire dans nos mœurs la sévérité ou la férocité des lois sociales des premiers Romains. Effrayées de cette austérité soi-disant républicaine, nos Françaises s'efforcèrent de faire naître une corruption plus forte que sous la monarchie même, afin de nous rassurer à jamais contre les fausses rigueurs spartiates; elles ne voulaient que plaire, et leur puissance séductrice n'eut point de peine à se montrer plus forte que bien des décrets rigides, ou que la plupart des mesures prises afin de réglementer la vertu et les mœurs.

La création du Directoire remit la femme sur le trône mythologique des grâces et des amours, et en fit la folle souveraine d'une société haletante, fiévreuse, agitée, assez semblable à une foire ouverte à tous les appétits, à toutes les passions basses, à l'agiotage, aux amours à l'encan, à tous les marchandages qui excluaient le sentiment.

L'art de vivre devint l'art de plaire. — La politesse ne fut plus qu'un préjugé; les jeunes hommes parlèrent aux

1. Thérémin, *De la Condition des femmes*, an VII.

femmes le chapeau sur la tête. Un vieillard était-il prévenant auprès d'elles, les jeunes gens ridiculisaient le bonhomme. — Ramassait-on l'éventail d'une femme, elle ne remerciait point; la saluait-on, elle ne rendait pas le salut. Elle passait, lorgnant les beaux garçons, riant au nez des difformes. La femme du Directoire paraît avoir matérialisé son esprit et « animalisé » son cœur; plus de marivaudages, de galanteries musquées et délicates, mais, dans toute rencontre, des échanges de propos directs qui créaient des accouplements hâtifs. Il n'exista plus de fruit défendu dans ce paradis du paganisme; toute tactique d'amour consistait à provoquer le désir et à le satisfaire presque aussitôt. On conjugua selon le caprice du moment le verbe : *je te veux, tu me veux, nous nous voulons,* et on ne passa jamais à l'impersonnel, préférant arriver de suite à l'imparfait ou au passé défini. — Le divorce n'était-il pas là pour dénouer les liens de ceux que la jalousie torturait? — mais le cynisme des temps rendait rares les délicatesses. — Le mariage n'était plus considéré, selon le mot terrible de Cambacérès, dans le Code, que comme « la Nature en action »; on ne tint cet acte civil que pour temporaire, l'incompatibilité d'humeur déliant ceux que les convenances physiques avaient réunis.

« La femme va de mari en mari, disent curieusement les historiens du Directoire, MM. de Goncourt, poursuivant son bonheur, dénouant, renouant sa ceinture. Elle circule comme une marchandise gracieuse. Elle est épouse, le

temps que cela ne l'ennuie pas ; elle est mère, le temps que cela l'amuse... le mari court des bras de l'une aux bras de l'autre, demandant une concubine à l'épouse et le rassasiement de ses appétits à des noces multipliées. On divorce pour rien... on se marie pour divorcer, on se démarie pour se remarier, sans que l'homme ait la jalousie du passé, sans que la femme en ait la pudeur, et il semble que les mariages de ce temps aient pris modèle sur les haras où l'on procède par essais. »

II

D'après l'auteur des *Souvenirs thermidoriens* [1], la réaction dansante fut surtout soudaine, impétueuse, formidable, au lendemain de la délivrance. A peine les échafauds étaient-ils renversés, que déjà les bals s'organisaient par tous les points de la capitale ; les sons joyeux de la clarinette, du violon, du tambourin, du galoubet, convoquaient aux plaisirs de la danse les survivants de la Terreur qui s'y pressèrent en foule. Duval, dans ses *Souvenirs,* a énuméré à plaisir ces différents temples de Terpsichore : D'abord le magnifique jardin du fermier général Boutin, exécuté avec tous ses collègues *pour avoir mêlé de l'eau au tabac de la ferme,* et que les entrepreneurs baptisèrent du nom italien de *Tivoli.* Ce fut le premier qui ouvrit ses portes au public. Un autre bal se forma dans le jardin Marbeuf, au bout de l'avenue des Champs-Élysées. On dansait gaiement dans ces deux endroits.

---

1. *Souvenirs thermidoriens,* par Georges Duval, auteur des *Souvenirs de la Terreur.* Paris, Victor Magen, 1844, t. II, chap. xiv. Duval, au cours de ce chapitre, donne sur les bals de Paris pendant le Directoire de très curieux détails qu'on ne saurait trouver ailleurs, et ses descriptions ont le mérite saisissant du *de visu.*

D'autres bals s'ouvrirent successivement : ce furent les bals de l'Élysée national, ci-devant Bourbon, dont le nègre Julien dirigeait l'orchestre avec un rare bonheur, et qui était le Musard de l'époque ; on y faisait de délicieuses promenades en bateau ; puis le bal du jardin des Capucines, fréquenté par les marchandes de modes de la rue Saint-Honoré et de la rue Neuve-des-Petits-Champs ; le Ranelagh du Bois de Boulogne, abandonné alors aux clercs d'huissiers et aux commis marchands ; le Wauxhall, où les tours d'adresse de l'escamoteur Wal, aussi bien que les plaisirs de la danse, faisaient affluer les grisettes du Marais et du quartier du Temple ; tous ces bals étaient ouverts le quintidi et le décadi à la moyenne bourgeoisie. Frascati et le Pavillon de Hanovre étaient le rendez-vous des hautes classes de la société. Dans la Cité se trouvait le bal de la Veillée, où l'on donnait de singuliers *concerts miauliques;* il y avait là une vingtaine de chats dont on n'apercevait que les têtes, disposés sur les touches d'un clavecin : ces touches étaient des lames pointues dont chacune allait frapper la queue d'un chat qui poussait un cri, chaque cri répondait à une note de musique et l'ensemble produisait un charivari admirable ; ce bal de la Veillée est devenu depuis le fameux Prado, cher aux étudiants.

Sur la rive gauche de la Seine, on rencontrait le bal de la rue Théouville, ci-devant Dauphine ; puis en face du portail septentrional de l'église Saint-Sulpice, à l'entrée de la rue Servandoni, on voyait, se balançant avec grâce dans les airs, mollement agité, un transparent rose sur lequel on lisait : *Bal des zéphirs.* Ce bal, où le galoubet faisait rage, avait été établi dans l'ancien cimetière Saint-Sulpice ; on lisait encore sur le seuil cette inscription : *Hic requiescant, beatam spem expectantes.* Les pierres tumu-

laires n'étaient point même enlevées à l'intérieur de ce
lieu de plaisir, mais la jeunesse dansante s'inquiétait peu
de profaner la cendre des morts, et la folie brillait de tout
son éclat dans cette nécropole. Rue d'Assas, près l'ancien
couvent des Carmes Déchaux, dans le cimetière même du
prieuré, autre carmagnole : on y avait ouvert le *Bal des
Tilleuls*. Les corybantes *macabres* y affluaient.

L'épidémie saltatrice croissait de
jour en jour. A la suite du décret, voté
sur la proposition de Boissy d'Anglas,
qui restituait aux héritiers des condamnés de la Révolution les biens qui
leur avaient été confisqués, la joie revint
au camp de ces déshérités, qui passaient
ainsi subitement, en quelques jours, de la
misère à l'opulence ; ces jeunes gens,
étourdis par ce retour de fortune, se lan-
cèrent dans tous les plaisirs de leur
âge ; ils fondèrent un bal aristocratique
pour eux seuls, et décidèrent de n'y admettre que ceux-là qui pourraient faire
valoir un père, une mère, un frère ou
une sœur, un oncle pour le moins, im-
molés sur la place de la Révolution ou à la barrière du
Trône. Telle fut l'origine du fameux *Bal des victimes*
(*Hôtel Richelieu*), qui eut un cérémonial tout particulier
et amena de véritables innovations dans les excentricités
de la Mode.

En entrant dans ce bal, on *saluait à la victime,* d'un
mouvement sec de tête, qui imitait celui du condamné au
moment où le bourreau, le basculant sur la planche, passait sa tête dans la fatale lunette. On affectait une grâce
énorme dans ce salut que chacun étudiait de son mieux ;

quelques jeunes héros de contredanse y mettaient une élégance telle qu'ils étaient accueillis par l'aréopage féminin
avec une faveur marquée. Chaque cavalier invitait et recon-
duisait sa danseuse avec un *salut à la victime;* bien mieux,
pour accentuer cette infâme comédie, quelques raffinés
d'élégance imaginèrent de se faire tondre les cheveux à ras
sur la nuque, de la même manière dont Samson procédait
à l'égard des condamnés par le tribunal ré-
volutionnaire. Cette ingénieuse invention
causa des transports d'admiration dans le
camp des jeunes extravagants. Les dames
suivirent la mode et se firent couper réso-
lument les cheveux à la racine. La *coiffure à
la victime* venait de naître, elle devait
s'étendre à la France entière et s'appeler
par la suite *coiffure à la Titus* ou *à la
Caracalla.* Pour compléter cette bouffon-
nerie navrante, les filles de suppliciés
adoptèrent le schall rouge, en souvenir du schall que le bourreau avait
jeté sur les épaules de Charlotte
Corday et des dames Sainte-Ama-
rante, avant de monter à l'échafaud.

Ce *Bal des victimes* devint vivement, en raison de
sa société relevée et de ses démences, le point de mire
du Paris joyeux; on y allait contempler les modes du
jour, car les jeunes filles qui venaient le soir y danser
les valses nouvelles rivalisaient de toilettes et de
grâces...; peu à peu, elles quittèrent le deuil et arbo-
rèrent effrontément le satin, le velours et les kache-
mirs aux tons chauds. Ce fut à ces insolentes réunions
qu'apparurent les premières tuniques laconiennes et les
chlamydes à méandres de couleur, la chemise de per-

2

kale, les robes de gaze ou de linon et le cothurne avec
ses charmants enlacements de rubans sur le cou-de-pied ;
toutes les fantaisies romaines et grecques que nous décri-
rons par la suite furent inaugurées pour la plupart par
des descendantes de guillotinés ; quelques aimables dames
archi-tondues poussèrent l'amour du réalisme et de l'horreur jusqu'à serrer autour de leur cou un mince collier
rouge qui imitait à ravir la section du couperet. Les
Incroyables juraient leur *petite pa'ole d'honneu panachée*
que c'était divin, admi'able, 'uisselant d'inouïsme.

Dans les intervalles des contre-danses, on ingur-
gitait glaces, punch, sorbets ; on prenait la main de sa
danseuse et on recevait des déclarations d'amour ; de
plus, s'il faut en croire un témoin oculaire, l'auteur des
Souvenirs thermidoriens, « on finissait par convenir entre
soi qu'après tout Robespierre n'était pas si diable qu'il
était noir et que *la Révolution avait son beau côté* [1] ».

Il ne manquait plus à ces insensés que de chanter, à
l'imitation de la belle Cabarrus, le couplet d'une chanson
satirique alors à demi célèbre chez les Directeurs :

> Quand Robespierre reviendra,
> Tous les jours deviendront des fêtes.
> La Terreur alors renaîtra
> Et nous verrons tomber des têtes.
> Mais je regarde... hélas ! hélas !
> Robespierre ne revient pas.

A côté du Bal des victimes, tout Paris donnait les vio-

---

1. Ripault, dans *Une Journée de Paris,* an V, nous montre aussi un
témoin oculaire qui est Polichinelle, égaré au bal des victimes : « Je vis un
beau jeune homme, et ce beau jeune homme me dit : « Ah ! Polichinelle...
« ils ont tué mon père ! — Ils ont tué votre père ? » — et je tirai mon mouchoir de ma poche — et il se mit à danser :

> *Zigue, zague don don*
> *Un pas de rigaudon.*

lons, c'était un branle général, on sautait par abonne-
ments au *Bal de Calypso,* faubourg Montmartre, à l'hôtel
d'Aligre et à l'hôtel Biron, au Lycée des bibliophiles et
des nouvellistes, rue de Verneuil; rue de l'Échiquier, chez
le fleuriste Wenzell; dans toutes les rues de la Cité. La
bonne société se rendait de préférence à l'hôtel Longue-
ville où la belle Mme Hamelin ne dédaignait
pas de montrer ses grâces nonchalantes.

Toutes les classes de la société étaient
alors galvanisées par la *Dansomanie;* on
rigaudonna jusque dans les greniers misé-
rables des faubourgs; plusieurs *bals champêtres* se virent établis dans les caves de
restaurateurs, dans les sous-sols de bouti-
quiers.

III

Jamais la nation française n'offrit aux
yeux de l'observateur un spectacle plus
curieux, plus incohérent, plus varié, plus
inconcevable que celui qu'elle présenta au
début du Directoire. La Révolution avait tout submergé :
traditions, mœurs, langage, trône, autels, modes et manières; mais la légèreté spéciale à ce peuple surnageait
au-dessus de tant de ruines; l'esprit d'insouciance, de
forfanterie, d'à-propos, cet immortel esprit frondeur et rieur,
fonds précieux du caractère national, reparaissait au lendemain de la tourmente, plus alerte, plus vivace, plus indomp-
table encore qu'autrefois. Comme il ne restait rien du passé
et qu'on ne pouvait improviser en un jour une société avec
des convenances, des usages, des vêtements entièrement
inédits, on emprunta le tout à l'histoire ancienne et aux

nations disparues ; chacun s'affubla, se grima, « gar-
gonna » à sa guise ; ce fut un travestissement général, un
carnaval sans limites, une orgie sans fin et sans raison.
On ne peut regarder aujourd'hui cette époque dans son
ensemble et dans les menus détails de son fonctionnement
sans croire à une immense mystification, à une colossale
caricature composée par quelque humoriste de l'école de
Hogarth ou de Rowlandson. — Cepen-
dant, en dépit des folies parisiennes, nos
armées de Sambre-et-Meuse, du Rhin et
de la Moselle, ainsi que nos glorieux batail-
lons d'Italie, portaient au loin le renom de
nos armes et des germes de liberté ; le
monde entier retentissait des échos de nos
victoires ; les prodiges de Bonaparte in-
quiétaient la vieille Europe, et on aurait pu
penser que tant de gloire était capable
d'enorgueillir et d'assagir à la fois les pantins qui avaient fait de Paris un *Guignol*
étourdissant et impossible à décrire ! — Il
n'en était rien.

On aura peine à croire qu'au milieu
des victoires de Ney, de Championnet et
du général Bonaparte, on n'observait dans la capitale,
sur nos boulevards et places publiques, aucun enthousiasme, aucun mouvement de joie. S'il faut ajouter créance
aux journaux contemporains, on passait froidement, avec
la plus complète indifférence, à côté des crieurs qui annon-
çaient les plus grands succès de nos généraux ; on dési-
rait la paix, la tranquillité, l'abondance ; l'agiotage avait
gagné toutes les classes, la griserie de la mascarade
anéantissait les idées nobles dans tous ces cerveaux.
Les *Écrouelleux*, les *Inconcevables*, les *Merveilleux*, le

menton caché dans leurs cravates démesurées, maudis-
saient le gouvernement des Directeurs, méconnaissaient
les mérites de nos soldats, disant d'un air affadi : *Pa'ole
victimée, cela ne peut pas du'er!* — Les fêtes même
données par le Directoire, pour rendre honneur à la vail-
lance de nos braves, manquaient parfois de dignité et de
véritable grandeur ; le mauvais goût s'y montrait flagrant
et le comédisme de ces cérémonies n'en excluait pas le
ridicule. Lorsque Junot vint apporter au gouvernement les drapeaux conquis à la bataille
de la Favorite, il y fut reçu de même que Murat, en grand apparat ; mais l'aide
de camp Lavallette, dans une lettre
à un ami intime, relate avec quelle pompe on
procédait d'ordinaire aux petites réceptions plus
modestes. « J'ai vu, écrivait-il, dans les appartements du petit Luxembourg, nos cinq rois,
vêtus du manteau de François Ier, chamarrés
de dentelles et coiffés du chapeau à la Henri IV.
La figure de La Revellière-Lépeaux semblait
un bouchon fixé sur deux épingles. M. de Talleyrand, en pantalon de soie lie de vin, assis
sur un pliant aux pieds de Barras et présen-
tant gravement à ses souverains un ambassadeur du
grand-duc de Toscane, tandis que le général Bonaparte
mangeait le dîner de son maître. A droite, sur une
estrade, cinquante musiciens et chanteurs de l'Opéra,
Lainé, Lays et les actrices, criant une cantate patriotique
sur la musique de Méhul ; à gauche, sur une autre estrade,
deux cents femmes, belles de jeunesse, de fraîcheur et
de nudité, s'extasiant sur le bonheur et la majesté de la
République ; toutes portaient une tunique de mousseline
et un pantalon de soie collant, à la façon des danseuses

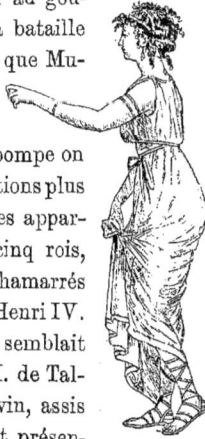

d'opéra; la plupart avaient des bagues aux orteils. Le lendemain de cette belle fête, des milliers de familles étaient
proscrites dans leurs chefs, quarante-huit départements
étaient veufs de leurs représentants et trente journalistes
allaient mourir à Sinnamary ou sur les bords de l'Ohio [1]. »

En dehors des fêtes dédiées à la Victoire, le gouvernement des Directeurs avait, selon l'usage antique, institué
des fêtes publiques à dates fixes, en l'honneur de la République et de sa fondation;
d'autres étaient consacrées à la Patrie, à la
Vertu, à la Jeunesse; il y eut même *la
Fête des Époux,* singulier à-propos en ce
temps où le divorce faisait rage et où l'on
se serait gardé d'élever le plus petit édicule
à la Fidélité et surtout à la Constance.

Le Luxembourg, dont les cinq Directeurs avaient pris possession, était devenu,
ainsi que le remarque le poète Arnault [2],
une véritable cour; et, comme cette cour
était très accessible aux femmes, grâce au
voluptueux Barras, elles y avaient apporté
les manières les plus douces. La galanterie
avait fait disparaître peu à peu les austé-
rités républicaines et les femmes reprenaient largement
l'empire dont elles avaient été dépossédées pendant le long
règne de la Convention. Les citoyennes de Staël, Hamelin,
de Château-Regnault, Bonaparte et Tallien étaient les
reines de Paris, et il n'était point de fêtes sans elles. La

---

1. *Décret du Directoire exécutif,* Paris, 17 fructidor an V, qui ordonnait
l'arrestation de trente-deux directeurs de journaux qui furent pour la plupart
déportés à la Guyane française. Voir : *Voyage à Cayenne et chez les anthro-
pophages,* par Louis Ange-Pitou. Paris, an XIII (1805).

2. *Souvenirs d'un sexagénaire,* 4 vol. in-8°, 1833.

fille du comte de Cabarrus, l'ex-épouse de M. de Fontenay, la future femme du comte de Caraman-Chimay, la belle Mme Tallien, pour tout dire, semblait surtout la souveraine incontestée du Directoire, et on avait pu attacher au bas de son costume romain cet écriteau satirique : *Respect aux propriétés nationales.* On racontait alors un propos d'esprit qui circula longtemps dans cette société frivole : un muscadin s'était attaché aux pas de la grande citoyenne, et, comme celle-ci, énervée, se retournait : « Qu'avez-vous, monsieur, à me considérer? — Je ne vous considère pas, madame, aurait répondu le badin, j'examine les diamants de la couronne [1]. »

Il est bon de dire que la ci-devant Mme de Fontenay montra toujours vis-à-vis de tous les déshérités une charité inépuisable, ce qui fit dire à juste titre que si la citoyenne Bonaparte avait acquis le surnom de Notre-Dame des Victoires, la charmante Tallien méritait en tous points celui de Notre-Dame de Bon Secours.

Le plus éclatant salon du Luxembourg, celui où la meilleure compagnie tenait à se rendre était incontestablement le salon de Barras. Il était simple et plein de bonhomie ; on y causait peu avec cet esprit de conversation d'autrefois, mais on y riait, on y jouait, on y plaisantait sans façons. M. de Talleyrand s'y asseyait complaisamment à une table de bouillotte et Mme de Staël y venait chuchoter avec Marie-Joseph Chénier, ou François de Neufchâteau. Les autres Directeurs recevaient chacun un jour de la décade, mais leurs réceptions manquaient d'éclat. Chez La Revellière-Lépeaux, — Laide peau, comme on le nommait, — le vulgarisateur de la *théophilanthropie,* on ne parlait que de la religion nouvelle et l'on « mettait

1. *Petite poste.* Nivôse an V

ses vices à la question ». Chez Carnot, qui donnait de mes-
quines soirées dans un petit appartement bas de plafond,
on chantait quelques ariettes guerrières et on ne jurait que
par « l'Évangile de la gendarmerie ». Chez Letourneur et
Rewbell, c'était pis encore : on y bâillait et on n'y causait
point. Mais la France entière n'était pas à Paris, elle était
représentée surtout au Palais Serbelloni à Milan et au
château de Montebello, où une cour brillante se pressait
pour rendre hommage à la séduisante Joséphine qui faisait
par ses grâces non moins de conquêtes que son illustre
époux par son génie.

I V

Le vrai salon du Directoire, c'est la rue, c'est le Petit
Coblentz, c'est Tivoli avec ses quarante arpents de verdure,
c'est Monceaux, c'est Idalie, c'est Biron, c'est
l'Élysée, c'est même enfin la Butte Montmartre,
d'où montent tous les soirs dans la nuit dix
feux d'artifice qui secouent sur Paris
leurs gerbes de pierreries, leurs paillettes
d'or et d'émeraudes. La rue est l'éternelle
fête, où défilent chaque nuit, se rendant à
Feydeau et aux autres spectacles, les
bandes élégantes des agioteurs, des four-
nisseurs en compagnie de leurs folles
maîtresses. L'été, le plaisir est sous la
feuillée à Bagatelle, au *Jardin de
Virginie,* faubourg du Roule, au ci-
devant hôtel Beaujon ; les *aimables*
et les Merveilleux raffolent de ces endroits gazonnés, pleins
de ruisseaux, de cascades, de grottes, de tourelles, éclairés
de flammes rouges, remplis par le bruit des fanfares, où les

nymphes à demi nues ne fuient point sous les saules. Le grand attrait, c'est principalement l'ancien jardin Boutin, c'est Tivoli, mélange de coteaux, de cascatelles, de sentiers sinueux, où l'on passait au milieu d'une haie de jolies femmes, et où se tenaient tous les jeux connus à Cythère. Dans ce pays de l'Astrée égayé par les fantaisies pyriques des Ruggieri, par les cabrioles, les chansons légères, les parades de foire, les acrobates de toute nature, la société du Directoire se retrouverait dans son milieu carnavalesque.

« Bruyants plaisirs, s'écriait Mercier, les femmes sont dans leur élément au milieu de votre tumulte! Le contentement perce dans leur maintien, malgré leur déchaînement épouvantable contre le temps qui court; jamais elles n'ont joui d'une telle licence chez aucun peuple; la rudesse jacobine expire même devant les non cocardées. Elles ont dansé, bu, mangé, elles ont trompé trois ou quatre adorateurs de sectes opposées, avec une aisance et une franchise qui feraient croire que notre siècle n'a plus besoin de la moindre nuance d'hypocrisie et de dissimulation et qu'il est au-dessous de nous de pallier nos habitudes et nos goûts quels qu'ils soient.

« Quel bruit se fait entendre? Quelle est cette femme que les applaudissements précèdent? Approchons, voyons. La foule se presse autour d'elle. Est-elle nue? Je doute. Approchons de plus près; ceci mérite mes crayons : je vois son léger pantalon, comparable à la fameuse culotte de peau de Mgr le comte d'Artois, que quatre grands laquais soulevaient en l'air pour le faire tomber dans le vêtement,

de manière qu'il ne formât aucun pli, lequel, ainsi emboîté
tout le jour, il fallait déculotter le soir en le soulevant de
la même manière et encore avec plus d'efforts ; le pantalon
féminin, dis-je, très serré, quoique de soie, surpasse peut-
être encore la fameuse culotte par sa collure parfaite ; il
est garni d'espèces de bracelets. Le justaucorps est échancré
savamment et sous une gaze artistement peinte palpitent
les réservoirs de la maternité. Une chemise de linon clair
laisse apercevoir et les jambes et les cuisses, qui sont em-
brassées par des cercles en or et diamantés. Une cohue de
jeunes gens l'environne avec le langage d'une joie dis-
solue. Encore une hardiesse de *Merveilleuse*, et l'on pourrait contempler parmi nous les antiques danses des filles
de Laconie : il reste si peu à faire tomber que je ne sais si
la pudeur véritable ne gagnerait pas à l'enlèvement de
ce voile transparent. Le pantalon couleur de chair, stricte-
ment appliqué sur la peau, irrite l'imagination et ne laisse
voir qu'en beau les formes et les appas les plus clandes-
tins;... et voilà les beaux jours qui succèdent à ceux de
Robespierre ! »

A l'automne, les concerts, les thés, les théâtres attiraient même affluence de robes transparentes et de men-
tons embéguinés ; on rigaudonne, on prend des glaces chez
Garchy et chez Velloni ; le pavillon de Hanovre fait
fureur : dans cette partie de l'ancien hôtel de Richelieu,
les déesses couronnées de roses, parfumées d'essence,
flottant dans leurs robes à l'athénienne, œilladent aux
Incroyables, agitent l'éventail, vont, viennent, tourbillon-
nent, rieuses, chiffonnées, provocantes, le verbe haut, l'œil
insolent, cherchant le mâle. Et chacun clabaude dans
l'assemblée des hommes, on y met à découvert le gouvernement. « Toutes ces femmes que tu vois, dit un jeune
Spartiate à son voisin... — Hé bien ? — Elles sont entre-

tenues par des députés. — Tu crois ? — Celle-ci, aux yeux
vifs, à la taille svelte, c'est la maîtresse de Raffron, le
même qui proclame la cocarde comme le plus bel ornement d'un citoyen. — Cette demoiselle à la gorge nue et
couverte de diamants, c'est la sœur de Guyomard : on a
payé sa dernière motion avec les diamants de la couronne.
Là-bas, cette blonde élancée, c'est la fille cadette d'Es-
nard, qui a mis de côté cent mille écus pour sa dot : on la
marie demain. Il n'y a pas, vois-tu, conclut le jeune
homme, un seul membre du Corps législatif qui n'ait
ici deux ou trois femmes dont chacune des robes coûte
à la République une partie de ses domaines. »

Ainsi les propos s'entre-croisent, propos de galanterie,
de marchandage, de politique, d'agiotage, quolibets et
calembours. Toutes les opinions, toutes les castes se trouvaient réunies dans ces *sociétés d'abonnement*, où l'on
acclamait M. de Trénis, le *Vestris* des salons. Les femmes
du meilleur monde, qui craignaient de montrer du luxe
et d'attirer l'attention en recevant habituellement chez
elles, ne redoutaient point de se mêler aux nymphes
galantes qui fréquentaient même Thélusson et l'hôtel de
Richelieu. On y allait en grande toilette ; mais, *par
instinct,* on préférait le négligé. Thélusson, Frascati, le
pavillon de Hanovre étaient composés à *peu près* de la
meilleure société de Paris, au dire de Mme d'Abrantès[1].
On y allait en masse, au sortir de l'Opéra ou de tout autre
spectacle ; quelquefois vingt-cinq de la même société ; on
y retrouvait ses anciennes connaissances, puis on rentrait
sur le tard prendre une tasse de *thé,*... un thé où il y avait
de tout, depuis des daubes jusqu'à des petits pois et du
vin de Champagne.

1. *Histoire des salons de Paris.* Tableaux et portraits du grand monde par
la duchesse d'Abrantès, 1838, t. III.

Les femmes du Directoire n'avaient, d'ailleurs, rien des délicatesses et des grâces alanguies qui constituèrent par la suite ce qu'on nomma la distinction. Presque toutes furent des luronnes, masculinisées, fortes sur le propos, à la carnation empourprée, à l'embonpoint débordant, des *tétonnières* à gros appétit, à gourmandise gloutonne, dominées par leurs sens, bien qu'elles affectassent des pâmoisons soudaines ou des migraines qu'elles ignoraient. Il fallait les voir, après le concert, se ruer au souper, dévorer dindes, perdrix froides, truffes et pâtés d'anchois par bouchées démesurées, boire vins et liqueurs, manger en un mot, selon un pamphlétaire, pour le rentier, pour le soldat, pour le commis, pour chaque employé de la République. Ne leur fallait-il se faire « le coffre solide » pour résister aux fluxions de poitrine qui les guettaient à la sortie? — La bise d'hiver aurait vite eu raison d'une robe de linon ou d'une friponne tunique au *lever de l'aurore*.

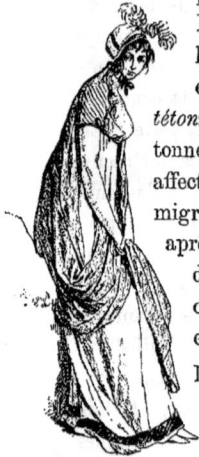

V

La Merveilleuse et la nymphe sont bien les créatures typiques de cette époque de corruption profonde et de libertinage ouvert, où tous les êtres mineurs s'émancipèrent d'eux-mêmes, et qui proclama le *sacrement de l'adultère*. Merveilleuses et nymphes furent les divinités reconnues aux décadis et à toutes les fêtes païennes de la République : beautés plastiques, prêtresses de la nudité et du dieu des jardins, femmes folles de leur corps, chez qui l'âme a

déserté, perdues dans une fausse mythologie qui les porte à
se *gréciser* par amour de l'antique jusqu'à pouvoir se com-
parer aux Vénus de la statuaire et aux héroïnes de la Fable.

Les jeunes gens à la mode furent leurs dignes parte-
naires. Écoutons une contemporaine qui nous esquissera
leur portrait en quelques lignes : « Présomptueux plus
que la jeunesse ne l'est ordinairement; ignorants, parce
que depuis six ou sept ans l'éducation était interrompue,
faisant succéder la licence et la débauche à la galanterie;
querelleurs, plus qu'on ne le permettrait à des hommes
vivant continuellement au bivouac ; ayant inventé un jargon presque aussi ridicule que leur immense cravate qui
semblait une demi-pièce de mousseline tournée autour
d'eux, et, par-dessus tout, fats et imperti-
nents. En guerre avec le parti royaliste du
club de Clichy, ils prirent un costume qui devait différer de tous points avec celui des
jeunes aristocrates : un très petit gilet, un
habit avec deux grands pans en queue de mo-
rue, un pantalon dont j'aurais pu faire une
robe, des petites bottes à la Souvarow, une
cravate dans laquelle ils étaient enterrés. Ajoutez à cette toilette une petite canne en forme
de massue, longue comme la moitié du bras,
un lorgnon grand comme une soucoupe, des
cheveux frisés en serpenteaux, qui leur cachaient les yeux et la moitié du visage, et vous
aurez l'idée d'un *incroyable* de cette époque. »

Pour les *Merveilleuses,* inspectons-les à dater de l'an V,
où furent rétablis le jour de l'an, les cadeaux, ainsi que
cette promenade de Longchamps, dont le défilé n'était
qu'un assaut de luxe et de beauté et un incroyable concours de toilette. Nous pourrons les suivre ainsi, à travers

les éphémérides de la mode, jusqu'aux dernières années du
siècle.

Rien de moins français que la mise des élégantes à ce
début de l'an V ; ce ne furent, ainsi que le constatent les
courriéristes de modes[1], que tuniques grecques, cothurnes
grecs, dolmans turcs, toquets suisses ; tout annonçait des
voyageuses disposées à courir le monde. Ce qui ne dut
pas moins surprendre, après les *Titus*, les coiffures *à la
victime* et à l'hérissé, ce fut la préférence aveugle donnée
aux perruques. Peu auparavant, à ce seul nom, une belle
frissonnait ; mais le sacrifice de ses cheveux en cette
époque républicaine était devenu un triomphe...; avec cela,
robe retroussée jusqu'au mollet : ce dégagement, d'accord
avec les souliers plats, donnait aux femmes une allure
décidée et hommasse peu en rapport avec leur sexe.

Sur les coiffures on disposait un coquet béguin, assez
semblable aux toquets du premier âge, ou bien un chapeau spencer à haute calotte cannelée avec plume de vau-
tour. La même année vit naître les toquets froncés à coulisses, le toquet d'enfant garni en dentelles, tantôt en
linon, tantôt en velours noir, cerise, violet ou gros vert,
avec une gauze plate sur les coutures et une dentelle
froncée sur le bord. On porta même le turban à calotte
plate, orné de perles et d'une aigrette, mis à la mode par
l'arrivée d'un ambassadeur turc à Paris ; on vit en plus la
capote anglaise garnie de crêpe, le bonnet à la jardinière,
le chapeau casque-ballon, le bonnet *à la folle*, garni de
fichus multicolores, de blondes et de dentelles, qui cachaient
à demi le visage ; la cornette en linon gazé, le chapeau
blanc *à la Lisbeth* sur un toquet cerise que la Saint-Aubin
venait de mettre en vogue dans l'opéra de *Lisbeth* au

1. *Variations des costumes français* à la fin du XVIIIe siècle.

Théâtre-Italien ; le chapeau à la primerose, également
emprunté à la pièce de ce nom, le casque à la Minerve, le
turban en spirales et vingt autres couvre-chefs plus gracieux les uns que les autres, mais qui, pour extravagants
qu'ils fussent, seyaient à merveille à tous
ces visages provocants et mutins.

Le fichu fut également porté en négligé, drapé, chiffonné au hasard ; aucune
règle n'en détermina la forme, le goût
seul présidait à sa confection, et ce fut
bien la plus adorable coiffure du monde,
la plus coquine : point de chignon, quelques cheveux épars sur le front, une
draperie amplement bouillonnée, une
bride noire et l'attention de ménager les
trois pointes, voilà seulement ce que
l'usage généralisa. Il fallait voir les grisettes en négligé du matin : une gravure
nous présente une Parisienne dans cette tenue de la première heure ; le premier fichu blanc venu lui tient lieu de
coiffe, les cheveux errent à l'aventure et le chignon reste
invisible ; camisole blanche serrée à la taille et jupon rayé,
bas à coins, mules de maroquin vert : ainsi costumée,
la belle s'en allait chercher sa provision au marché le plus
proche ; point de panier, mais un mouchoir blanc à la
main pour recevoir les œufs, les fleurs et les fruits. Avec
cette grosse emplette on la voit revenir gaiement, tenant
d'une main le petit paquet et de l'autre le jupon, relevé
très haut jusqu'au genou afin de laisser voir la chemise
blanche et le mollet bien placé enfermé dans un tricot
immaculé.

Pour la promenade matinale, les belles Parisiennes,
afin de mieux se livrer aux caresses du zéphyr, dépouil-

laient tout ornement superflu ; une robe mince dessine les
formes, un schall de linon jaune citron ou rose pâle tient
lieu de fichu ; sur la tête un simple bé-
guin, dont la dentelle s'échappe sous une
gaze ornée de paillettes ; aux pieds des
petits cothurnes rouges, dont les rubans
de même couleur s'enroulent autour de
la jambe : tel était le costume dans
lequel les grâces assistaient, déjà sur le
tard, au lever du soleil.

Dans le jour on ne voyait que chemises *à la prêtresse,* robes de linon cou-
pées sur patron antique, robes *à la
Diane, à la Minerve, à la Galatée, à la
Vestale, à l'Omphale,* laissant les bras
nus et dessinant les formes comme des
draperies mouillées ; aussi pouvait-on
appliquer à toutes les femmes du Direc-
toire ce couplet des *Conseils à Fanny* par le Prevôt d'Irai :

> Afin d'éveiller le désir,
> Tu choisis étoffe légère ;
> Pour faire entrevoir le plaisir,
> Tu prends la gaze la plus claire.
> Crois-moi, ce que l'œil ne voit pas
> N'en inspire que plus d'ivresse ;
> Cacher à propos ses appas
> Est un raffinement d'adresse.

On exigeait des costumes qui dessinassent les formes
et eussent de la transparence. Les médecins s'évertuaient
à répéter sur tous les tons que le climat de France, si
tempéré qu'il soit, ne comportait pas cependant la légèreté des costumes de l'ancienne Grèce ; mais on ne se
souciait aucunement des conseils des Hippocrates, et
Delessart put affirmer, à la fin de l'an VI, avoir vu

mourir plus de jeunes filles depuis le système des nudités gazées que dans les quarante années précédentes.

Quelques audacieuses, parmi lesquelles la belle Mme Hamelin, osèrent se promener entièrement nues dans un fourreau de gaze ; d'autres montrèrent leurs seins découverts, mais ces tentatives impudiques ne se renouvelèrent point ; le bon sens populaire les fit avorter dès le début et les extravagantes qui n'avaient pas eu le sentiment de leur impudeur sentirent celui de leur imprudence quand les huées et les apostrophes les poursuivirent jusqu'à leur domicile.

Les modes transparentes se modifièrent cependant peu à peu ; tout change vite dans l'empire féminin. Vers le mois de brumaire an VII, les robes à *l'Égyptienne*, les turbans et spencers à *l'Algérienne*, les *Fichus au Nil* et les bonnets en *crocodile* occupèrent un instant l'esprit de nos frivoles. La campagne d'Égypte mit en vogue d'énormes turbans multicolores à côte et à plumes recourbées, dont le fond était de nuance unie opposée à la toque ; le *réticule* ou ridicule revint en faveur sous une forme militaire, on le varia à l'infini, et les devises, les devinettes, les arabesques, les camées, les chiffres l'ornèrent tour à tour.

On ébouriffa à la main les cheveux à la *Titus* ou à la *Caracalla ;* on porta des chapeaux jockey, des chapeaux de courrier, des chapeaux de chasse, garnis de velours coquelicot ; le chapeau *au ballon* et le casque eurent grand succès. La multiplicité des modes qui se rivalisaient, se croisaient, se succédaient « avec la

4

rapidité des éclairs », arriva à égarer et effarer jusqu'aux
directeurs de journaux attitrés.

Les schalls surtout défrayèrent la chronique; on les
portait en sautoir, bien drapés sur l'épaule et ramenés sur
le bras, les extrémités flottant au vent; on raffina sur les
schalls aux couleurs vives, ponceau, orange, abricot avec
bordures à la grecque noires ou blanches; on en essaya
de toutes les formes, de toutes les étoffes, de
tous les tons; on en fabriqua en drap, en
casimir, en serge, en tricot de soie et plus
communément en poil de lapin gris. Schalls
en pointe, schalls carrés, schalls houppelandes, d'hiver et d'été. Les élégantes commencèrent à couvrir leurs appas et les souliers cothurnes disparurent peu à peu.

Quant au costume des hommes au milieu
de l'an VII, en voici un croquis ébauché par
la tête.

Le chapeau demi-haut de forme est à
petits bords, relevés sur les côtés et abaissés
sur le devant et à l'arrière; les cheveux
sont toujours à la Titus, en accord avec les
favoris, qui tombent au milieu de la joue et
descendent parfois jusque sous le menton; le bon ton exige
que les avoris soient noirs, lors même que les cheveux
seraient blonds; les *impossibles* ont plus d'un moyen pour
satisfaire à la mode.

La cravate est haute, toujours blanche et à nœuds
très affilés en queues de rat. Elle engonce le cou jusqu'à
l'oreille. La chemise plissée est en fine batiste; on la voit
à travers la large échancrure du gilet.

L'habit est ordinairement brun foncé, à collet noir ou
violet, croisé avec boutons de métal uni. Le pantalon, très

collant, est en casimir chamois ; il règne sur les coutures
une petite ganse d'or, à la manière des hussards. La mode
implique un énorme cachet de parade à l'extrémité des
chaînes de montre, au lieu de canne un simple petit
crochet de bambou, bottes molles venant à la naissance
du mollet ; au bal, frac noir, culotte de couleur et souliers. La nuance des pantalons est jaune serin et vert
bouteille.

VI

Les modes furent si changeantes de 1795 à 1799 qu'il
ne faudrait pas moins de deux gros volumes in-8° pour en
fixer les différents caractères et les principales variations.
Mercier lui-même, qui saisissait cependant sur l'heure
d'un crayon si habile et si fin ces physionomies parisiennes,
semble déconcerté de se voir si vite distancé par le changement des costumes féminins :

« Il y a peu de jours, dit-il, la taille des femmes
illustres se dessinait en cœur ; actuellement celle des
corsets se termine en ailes de papillon dont le sexe
semble vouloir en tout se rapprocher et qu'il prend le plus
souvent pour modèle. Hier, c'étaient les chapeaux *à la
Paméla,* aujourd'hui les chapeaux *à l'anglaise ;* hier elles
se paraient de plumes, de fleurs, de rubans, ou bien un
mouchoir en forme de turban les assimilait à des oda-
lisques ; aujourd'hui, leurs bonnets prennent la même
forme que ceux de la femme de Philippe de Commines ;
hier, leurs souliers élégants étaient chargés de rosettes et
fixés au bas de la jambe avec un ruban artistement noué ;
aujourd'hui, une grande boucle figurée en paillettes leur
couvre presque entièrement le pied et ne laisse apercevoir
que le bout d'un léger bouquet dont la broderie vient finir

sur la petite pointe du soulier. Et que l'on ne croie pas
que ce soit ici la caricature de nos illustres ; à peine est-ce
une légère esquisse de leurs folies, de leurs changements
variés à l'infini[1]. »

Les Merveilleuses survécurent de deux ans aux Incroyables ; Mme Tallien, cette éventée qui les personnifia si
gracieusement, nous fournit un modèle de la dernière
heure ; elle vint chez Barras à la fin de 1798
avec une robe de mousseline très ample, tombant en larges plis autour d'elle et faite sur le
modèle d'une tunique de statue grecque ; les
manches étaient rattachées sur le bras par des
boutons en camées antiques ; sur les épaules,
à la ceinture, d'autres camées servaient
d'attache ; pas de gants ; à l'un des
bras, un serpent d'or émaillé dont la tête
était une émeraude.

Les bijoux se portaient en nombre aux
bras, aux doigts, au cou, en bandeaux, en
aigrettes sur turbans ; on ne peut se faire
une idée de la quantité innombrable de
diamants alors en circulation ; les chaînes
de cou, d'une longueur excessive, tom-
bant jusqu'au genou, relevées et agrafées au-dessous du
sein, étaient adoptées par la majorité des femmes. Des
rivières de pierres précieuses et de diamants enser-
raient leur gorge ; les ceintures étaient gemmées et les
perles couraient en zigzags sur la gaze des robes et des
coiffures ; les camées, mis en relief dans les toilettes de
Mme Bonaparte, à son retour d'Italie, ornèrent les cheveux et le cou ; on vit jusqu'à des perruques enrichies

1. Mercier, *Nouveau Tableau de Paris*, chap. XCIV. Caricatures, folies.

de plaques et de ces colombes, dits *esprits*, en diamants.

L'*anglomanie* sévissait sur les mœurs et les modes non
moins que l'*anticomanie* ; pour certaines élégantes, rien
n'était de bon goût et de jolie façon si l'usage n'en était
pas établi à Londres. Ce fut au point que certaines ouvrières françaises franchirent le détroit pour satisfaire plus
sûrement à leur clientèle ; elles retrouvèrent au delà de la
France l'ancienne maison de Mlle Bertin, la célèbre modiste parisienne[1], ainsi que de nombreuses
émigrées, alors établies marchandes de
modes, et qui avaient su vulgariser pour
autrui le goût exquis qu'elles montraient
autrefois à la Cour pour elles-
mêmes.

Du pays des brumes nous vin-
rent des douillettes bordées de
velours, le spencer bordé en poil,
ouvert sur la poitrine demi-nue,
donnant aux dames un faux air
Lodoïska ; les bonnets paysanne,
les dolmans, qu'on écrivait *doli-
mans*, et une multitude de costumes d'un arran-
gement assez heureux. — Les chapeaux-capotes en linon,
en organdi, en dentelle avec ganses perlées, furent bien
accueillis sur la fin de l'an VII ; on les portait de nuance
blanche, rose, jonquille ou bleue ; ils accompagnaient la
mode des tabliers-fichus de couleur assortie ; ces tabliers
formaient à la fois ceinture et fichu ; on les nouait d'abord
par derrière avec des rubans en rosettes. Cette parure
pouvait paraître au premier coup d'œil un objet de luxe ;
mais, dit un écrivain de modes[2], « si l'on en venait à con-

1. *Tableau général du goût, des modes et costumes de Paris*, an V.
2. *Journal des dames et des modes*, 15 prairial an VII.

sidérer la finesse transparente de la robe qui servait souvent de chemise, on lui reconnaissait la même utilité
qu'aux tabliers des sauvages ».

VII

Un citoyen « amateur du sexe », Lucas Rochemont,
songea, vers la fin du Directoire, à ouvrir un concours de
modes nouvelles entre les véritables élégants de France,
la mode primée devant porter le nom de sa créatrice. Il fit
part à la Mésangère de cet ingénieux projet dans la lettre
que voici :

« Vous parlez périodiquement, Citoyen, des prodiges
de la Mode, de ses formes multipliées, de ses succès
inouïs ; mais vous gardez le silence sur les séduisants
objets qui lui ouvrent une si brillante carrière. En effet,
que serait la Mode sans les grâces du sexe charmant qui
la fait admirer ? Une fugitive qui échapperait à tous les
yeux. Mais elle doit tout aux belles, et son élégance, et sa
richesse, et sa simplicité ; rien n'est bien, rien n'est beau
sans leur concours. N'est-ce pas le bon goût qui admet
telle ou telle folie de la Mode ? et le bon goût n'est-il pas
le cachet de la beauté ? A ce titre, je voudrais, Citoyen,
qu'à chaque époque qui nous amène une mode nouvelle,
vous rendissiez justice à qui elle appartient, et que vous
nommassiez celle qui la crée ; ce serait un moyen d'émulation qui nous mettrait en mesure de connaître à qui
nous sommes redevables de tel ou tel changement dans la
parure des dames et qui nous ouvrirait un temple où
chacun aurait la faculté de porter son encens aux pieds de
la divinité à laquelle il accorderait la préférence. »

Ce projet original n'eut pas de suite, et cela est fâcheux,

car, à part une vingtaine de jolies femmes à demi célèbres de l'entourage de Notre-Dame de Thermidor, nous ignorons presque complètement les noms des élégantes de l'époque du Directoire. Toutes ces nymphes et merveilleuses sont anonymes, toutes ces beautés grecques et romaines passent voilées, et l'histoire anecdotique reste aussi muette à leur égard que s'il s'agissait des pimpantes petites chercheuses d'amour des Prés Saint-Gervais. Ces « beautés fières et majestueuses » se nomment Calypso, Eucharis, Phryné ; elles ont tout laissé voir à travers leurs robes ouvertes aux Apollons du jour sous les ifs chargés de lampions septicolores de Frascati ; mais, de cette longue mascarade dans les jardins d'Armide républicains, peu de personnalités ressortent ; l'eau de volupté qui brillantait leurs charmes d'éternelle jeunesse les a confondues dans une même vision idéale de charmeuses ; du Directoire, il ne semble rester qu'une fosse commune de jolies et sémillantes courtisanes sans nom.

Quoi qu'il en soit, ces modes extravagantes qui, pour ainsi dire, « essuyèrent les plâtres » de la société nouvelle, ces modes folles, incohérentes, insaisissables que nous venons de décrire d'une plume cursive dans ce chapitre si décousu, ces modes de nos *Impossibles* peuvent être considérées comme les types fondamentaux et de transition qui influencèrent le costume civil de ce xixe siècle entier. A ce titre, elles mériteraient de trouver leur monographe. Nous voudrions voir écrire l'*Histoire des modes sous la Révolution et le Directoire.* — Pour avoir à peine effleuré le sujet, comme un hanneton éperdu dans cet immense vestiaire de gazes, nous n'en sommes pas moins assuré que ce serait là un sujet passionnant pour quelque érudit convaincu, amoureux du passé et passablement féministe pour aimer à secouer toutes ces légèretés encore si pénétrantes et si

troublantes en raison des belles formes et de la vie qu'elles
ont contenues.

Quelques moralistes ont prétendu que le vêtement des
femmes a presque toujours subi les mêmes variations que
leur vertu. Cela est possible, et l'étude serait à faire dans
un amusant parallèle ; mais on aura beau porter au tribunal de la Mode la cause des *Merveilleuses* du Directoire,
les sincères amis de l'art reconnaîtront encore que chez
ces païennes la volupté l'emporta de beaucoup sur la
décence, et que leur impudeur extrême sut faire oublier
la dignité absente.

Les documents ne manquent point sur les modes des
femmes françaises de la fin du xviiie siècle, mais il ont
été si imparfaitement remis en lumière qu'il ne reste dans
l'esprit de nos contemporains que quelques types outrés
de Merveilleuses devenus très banaux. Nous avons, dans
les croquis qui accompagnent ces pages ainsi que par les
notes de ce chapitre, essayé de montrer que les figures des
nymphes du Directoire étaient variées à l'infini et d'une
allure plus souvent gracieuse que caricaturale.

qui nous présentait le poète dans son intimité, tous ses confrères, en quête d'une vogue passagère, avaient aussitôt suivi le genre; il est étonnant qu'on n'ait point vu paraître successivement sur la scène le fournisseur, le musicien et le journaliste au milieu de leur progéniture. *Les Précepteurs,* ouvrage posthume de Fabre d'Églantine, obtient un grand succès au Théâtre-Français de la République.

La Mode demeurait toujours le grand chapitre favori des femmes; on a beau crier contre elle, toujours elle triomphe des indifférents qui la négligent ou des envieux qui ne peuvent l'atteindre. « Telle femme (dit un écrivain anonyme de l'an VIII), qui se plaint de la tyrannie de la Mode, a fait passer la nuit à sa modiste parce qu'elle a vu la veille, à *Frascati,* dix chapeaux comme le sien. Jadis, ajoute-t-il, la Mode avait une origine, un centre, des époques fixes; aujourd'hui, elle naît je ne sais où; elle est maintenue par je ne sais qui, et finit je ne sais comment... Qu'un extravagant se mette en tête de se faire remarquer, un marchand d'utiliser un coupon, une ouvrière de sortir de la foule : en habits, en chapeaux et en robes, voilà du neuf; le lendemain, trente furets auront dit : « Voilà la Mode »; le surlendemain, rien n'était plus délicieux, et le troisième jour une folie nouvelle a fait oublier le chef-d'œuvre.

« *Zélis* vient d'épouser un fournisseur, continue le critique pour achever son portrait : on n'avait jamais fait attention à ses yeux, à sa tournure, à son esprit; mais son voile, sa *diligence* et son dernier bal en ont fait décidément une *femme à la mode.* Elle est folle de peinture;

elle a fait décorer trois fois son boudoir ; elle aime la belle musique et possède une loge à l'Opéra-Comique ; quant aux sciences, elle n'a jamais manqué une ascension aérienne. D'ailleurs, *Zélis* a des gens qu'elle querelle, des protégés qu'elle met en vogue, des créanciers qu'elle ne paye point, un mari qu'elle fait attendre, des bijoux et des amants qu'elle change à volonté. »

Ce croquis à la La Bruyère est piquant et fort ressemblant ; les belles de l'an VIII ne courent plus après le sentiment et ne visent pas à l'esprit ; elles spéculent pour plaire ; on ne s'inquiète aucunement de leurs talents ou de leurs mœurs, mais tout uniquement de leurs bonnes grâces et de leur tournure ; ayant épuisé toutes les ressources de l'art, elles n'essayent plus que le pouvoir de la nature et elles montrent tout, depuis qu'elles n'ont plus rien à cacher. Grâce aux nudités, remarquaient alors les observateurs de la femme, les formes ont acquis un si grand développement qu'il y aurait bien du malheur si par l'ensemble on ne sauvait pas les critiques du détail ; celles qui n'ont pas de figure ont une si belle gorge ! celles qui n'ont pas de gorge ont de si beaux bras ! celles qui n'ont ni bras ni gorge ont de si belles hanches, un visage si parfait, une nuque si tentante ! tout est jeunesse en 1800... tout depuis *seize* jusqu'à soixante.

Le travestissement fit fureur un instant parmi ces déesses qui rêvaient les apparences troublantes des androgynes ; la manie de porter culotte se généralisa dans le monde des excentriques. Quelques admirateurs indulgents applaudirent à cette innovation, qu'ils attribuèrent à la difficulté de trouver un cavalier pour flâner par la ville ; aussi vit-on souvent deux dames faire leurs courses, l'une sous un costume de gentleman, redingote, pantalon et bottes ; l'autre en *Hébé,* mi-vêtue, heureuse de se pavaner aux bals et spectacles au bras d'un petit roué, dont la crânerie secouait son rire, à l'heure des *quiproquos,* car le jeune cupidon femelle ne se faisait point faute de courir de belle en belle, œilladant, pinçant, jasant comme un vrai petit diable. Des censeurs sévères, la face voilée, déclaraient devant ces polissonneries que les audacieuses républicaines n'étaient point seulement Grecques par l'habit, mais plus encore par les mœurs, et que Sapho souvent endossait le frac pour plus aisément se mettre en quête de Lesbiennes « inédites » et de petits tendrons dignes d'attirer l'attention des anandrynes.

A Frascati, on rencontrait fréquemment de ces coquettes jouant au dieu Mars ; c'étaient les derniers beaux jours de ce lieu de réunion ; on y voyait encore, selon l'expression d'alors, comme un fleuve de beautés humaines couler à travers les galeries d'antiquités grecques et romaines, se répandre sous les portiques dans les demi-salons, dans les petits appartements, puis serpenter et se replier dans les contre-allées et se perdre dans les kiosques où l'œil ne les suivait plus. La grande glace du fond du jardin répétait à l'infini, dans un prisme merveilleux de couleurs, cette houle de têtes enturbanées et voilées, ces couples amoureusement enlacés qui se renouvelaient à chaque instant, tête contre tête, tandis qu'au loin attablées, les nymphes assoiffées se faisaient servir en plein air les crèmes variées, les *tutti frutti* et les glaces de toutes formes dont elles étaient alors si friandes.

Dans le jour, les promeneurs se rendaient au *Panorama* que l'on venait de créer et qui donnait une vue d'ensemble de Paris. Cette nouvelle rotonde, sans fenêtre et d'aspect bizarre, amusait toute cette population badaude et faisait événement ; le théâtre des Troubadours avait joué une *bluette* à ce sujet, et un vaudeville imprimé dans *le Propa-gateur* avait grand succès ; on y chantait, sur l'air *Pour voir un peu comment qu'ça f'ra,* les couplets suivants :

Paris pas plus grand que cela
Jouit de succès légitimes.
Un savant vous le montrera
Pour *un franc cinquante centimes.*
Or chacun donne et donnera
Dans le Pano... (*bis*) Panorama.

En toile grise on a bâti
De gros murs de pierre de taille.
Moi qui n'ai qu'*un mètre et demi,*
Je suis plus haut que la muraille ;
Aussi je donne pour cela
Dans le Pano... (*bis*) Panorama.

Et comme tout bon mari doit avoir son brocard dans une chanson parisienne bien comprise, l'auteur dudit vaudeville, un certain Levrier de Champ-Rion, n'avait eu garde de l'omettre. Le voici dans son innocente simplicité :

Un mari disait hier soir :
Ma femme, avec le beau Cléante,
Demain matin doit aller voir
Ce Panorama que l'on vante.
Le bon mari donne aussi là
Dans le Pano (*bis*) Panorama.

L'activité des hommes de plaisir se portait toujours vers le Palais-Royal ; le Cirque y avait été consumé deux ans auparavant par un incendie, et, au lendemain du 18 Brumaire, il avait perdu son nom de Palais-Égalité. On y avait établi un jardin où deux grands carrés de verdure se trouvaient séparés par l'emplacement d'un bassin. Des dix bals établis sous les galeries, quelques-uns subsistaient encore. Le matin, le vice dormait en ces lieux et le jardin était honnêtement fréquenté ; mais, à partir de midi, les faiseurs d'affaires y arrivaient en foule ; c'est là que les agioteurs dégrossissaient les opérations de Bourse, conspiraient pour la hausse ou la baisse et s'entendaient, comme larrons en foire, pour assassiner le rentier. La nuit venue, la scène changeait ; à peine les réverbères étaient-ils allumés que la foule grossissante roulait à flots bruyants autour des galeries ; beaucoup de jeunes gens, une infinité de militaires, quelques vieux libertins, maints désœuvrés, un petit nombre d'observateurs, force filous, des filles à moitié nues ; c'était le moment où tous les vices se donnaient rendez-vous, se coudoyant, se heurtant, s'entremettant, où, tandis que les filles faisaient de l'œil, les escrocs jouaient des mains. « Il existe, écrivait Sellèque, un traité d'alliance offensive et défensive entre les reclusières de Vénus et les voleurs à la tire, et c'est ordinairement à frais communs que la *coalition* fait la guerre aux mouchoirs, aux montres, aux bourses et aux portefeuilles. Rien que pour faire cette constatation, il faut s'attendre à payer tôt ou tard un petit tribut ; mais là comme ailleurs, on n'a rien sans risques. »

Dans ces galeries de débauche, les libraires mettaient en vente mille petits ouvrages obscènes que la police ne traquait guère ; l'an VIII restera célèbre dans la mémoire des amateurs de confessions délicates et de galanteries dévoilées ; les noms et adresses de toutes les filles de

6

la capitale étaient vendus ouvertement sous forme de
livrets avec le tarif de leurs caresses ; les demi-castors venaient là dans une promiscuité inouïe ; les maisons de jeu
flambaient, et, parfois, on ramassait quelque malheureux,
sanglant, râlant, en détresse qui venait de demander à son
pistolet un viatique pour l'éternité.

Les femmes, en général, vivaient dans un désœuvrement funeste qui les poussait à toutes les complaisances
des sens ; elles s'étaient amollies peu à peu dans une
existence aisée et dégradante, sans morale, sans guides,
sans dignité d'elles-mêmes ; la Révolution les avait mises
à la rue, car elle ne pouvait leur donner les joies de
l'intérieur, les salons d'esprit d'autrefois, le goût des
sentiments nobles et élevés. Elles glissaient dans le plaisir sans défense, sans agrément, d'une façon animale,
n'ayant aucune croyance, aucune foi, aucune notion sincère du bien et du vrai.

Sébastien Mercier, le farouche républicain, qui ne
devait mourir qu'en 1814 et qui pouvait constater les
hontes et les désordres du nouveau régime, a écrit
comme un *post-scriptum* à son *Nouveau tableau de Paris,*
les curieuses pages suivantes sur les nymphes accueillantes
de l'an 1800 [1].

« Jamais elles n'ont été mieux mises ni plus blanche-
ment parées ; le savon est devenu non moins indispensable que le pain. Elles sont toutes couvertes de ces
schalls transparents qui voltigent sur leurs épaules et
sur leurs seins découverts ; de ces nuages de gaze qui
voilent une moitié du visage pour augmenter la curiosité ; de ces robes qui ne les empêchent pas d'être nues.
Dans cet attrait de sylphe, elles courent le matin, à

---

1. *Du costume et de l'oisiveté des femmes,* par S. Mercier. *Journal des
dames et des modes,* 15 brumaire an VIII.

midi, le soir ; on ne voit qu'ombres blanches dans les rues.

« ... Il faut que, pour elles, l'art éternise le printemps... Chaque aurore leur donne le signal ou le goût d'un plaisir nouveau, d'un spectacle extraordinaire, d'un bal paré, ou d'une ascension aéronautique avec détonation. Là, toutes ces ombres blanches sont pressées ; pléiades de beautés sans poudre et dont les cheveux coupés auraient passé, il y a vingt ans, pour une marque de diffamation. Elles passent devant vous comme les figures d'un tableau ; elles ont l'air d'être sans mains, mais elles vous parlent des yeux.

« Que penser de cette égalité de parures, de ces promenades journalières, de cette fréquentation assidue des spectacles ? Elles occupent presque toutes les places, et on les retrouve encore la nuit à la clarté des illuminations. Le Pactole roule-t-il ses eaux au milieu de Paris ? Qui paye tous ces plaisirs ? La capitale renferme-t-elle plus de millionnaires qu'aucune autre ville du monde, et les femmes y sont-elles les seules de l'univers qui jouissent du privilège de se divertir sans cesse et de ne point travailler ?

« Lire des romans, danser, ne rien faire, sont les trois règles de conduite qu'elles observent scrupuleusement... Il y a vingt ans, les jeunes filles n'auraient pas hasardé un seul pas hors de la maison paternelle sans leurs mères ; elles ne marchaient que sous leurs ailes, et les yeux religieusement baissés ; l'homme qu'elles osaient regarder était celui qu'on leur permettait d'espérer ou de choisir pour époux. La Révolution a changé cette subordination ; elles courent matin et soir en pleine liberté. Se promener, jouer, rire, *tirer les cartes,* se disputer les adorateurs, voilà leur unique occupation. Plus de ciseaux, plus de dés ; elles ne connaissent d'autres piqûres que celles que décoche l'arc du petit dieu ailé, et ces piqûres sont encore légères ; à peine sorties de l'enfance, elles sont plutôt guéries que blessées.

« ... Il n'y a point de promenade, — écrit comme un
trait final l'observateur parisien, — où on ne voie des
enfants de près de deux ans, mollement assis sur des
genoux de dix-huit... Combien un ruban, un chapeau de
fleurs, une robe à paillettes, deviennent des objets de puissante séduction, dans une ville où les bals sont en permanence, où les vierges de douze ans vont très souvent seules,
où le violon des maîtres de danse est leur unique directeur !
La débauche est prise pour de l'amour, la débauche est
érigée en système, et des unions précoces nous préparent
une génération affaiblie. »

C'est certainement là un des meilleurs écrits de ce
minutieux annotateur Sébastien Mercier, et il fixe mieux
que beaucoup d'autres l'état des mœurs aux premiers jours
du Consulat, alors que le libertinage créé par le Directoire
était encore à son apogée.

La société française trouva un réorganisateur dans
Bonaparte, qui sut discipliner la liberté licencieuse dont
la population était repue, en fondant le droit civil, cent
fois plus précieux pour la nation que le droit politique. La
France revint à toutes ses traditions religieuses et intel-
lectuelles ; elle se releva sous la certitude d'un lendemain.

Après le 18 Brumaire, l'empire spirituel des femmes
reprit peu à peu sa souveraineté douce et consolante dans
les sphères mondaines ; les salons revinrent en honneur, la
conversation eut son tour : on causa. Depuis près de huit
années, la conversation était exilée de son pays d'origine.
Ce retour aux usages, aux entretiens de la bonne compa-

gnie eut lieu à la fois dans divers foyers, à la cour consulaire, dans le salon de Joséphine et surtout chez Mmes de Staël et Récamier. Tandis que Bonaparte reconstituait solidement l'édifice social, l'ex-Mme de Beauharnais attirait à ses fêtes toutes les forces vives de l'intelligence, ainsi que les représentants autorisés de la France nouvelle ; elle accueillait autour d'elle les compagnons de gloire de son mari, ainsi que les artistes, les savants et les membres de l'Institut. Alors que le vainqueur de Lodi gouvernait, elle régnait par la grâce ou plutôt elle charmait par sa bonté conciliante, par ses manières un peu frivoles et ses coquetteries innées.

Le salon de Mme Bonaparte aux Tuileries ne fut guère ouvert qu'en ventôse an VIII ; les femmes qui le composèrent, à cette époque de consulat *préparatoire,* étaient, selon Mme d'Abrantès [1] : « Mme de La Rochefoucauld, petite bossue, bonne personne, quoique spirituelle, et parente de la maîtresse de céans ; Mme de La Valette, douce, bonne et toujours jolie ; Mme de Lameth, un peu sphérique et barbue ; Mme Delaplace, qui faisait tout géométriquement, jusqu'à ses révérences pour plaire à son mari ; Mme de Luçay ; Mme de Lauriston, toujours égale dans son accueil et généralement aimée ; Mme de Rémusat, femme supérieure (dont on connaît et apprécie les très curieux *Mémoires*) ; Mme de Thalouet, qui se rappelait trop qu'elle avait été jolie et pas assez qu'elle ne l'était plus ; Mme d'Harville, impolie par système et polie par hasard. »

Telle était, d'après la malicieuse et bavarde épouse de Junot, la composition première de l'entourage de Joséphine ; mais bientôt d'autres femmes, jeunes, jolies, aima-

1. Mme d'Abrantès, *Histoire des salons de Paris,* t. V.

bles, ne tardèrent pas à venir briller aux Tuileries. De ce
nombre étaient : Mme Lannes, une beauté dans toute sa
splendeur ; Mme Savary, plus jolie que belle, mais élégante
jusqu'à l'extravagance ; Mme Mortier, future duchesse de
Trévise, douce et touchante ; Mme Bessières, gaie, égale
d'humeur, coquette et d'une réelle distinction ; Mlle de
Beauharnais, dont chacun aujourd'hui a appris à connaître
les mérites et l'histoire ; Mme de Montesson, qui tenait
salon avec munificence et dont les dîners du mercredi
étaient alors excessivement recherchés pour leur service
hors ligne ; enfin nombre de dames jeunes et spirituelles
dont la nomenclature risquerait d'être interminable.

La société des Tuileries était trop officielle ; c'est à la
Malmaison que l'on retrouvait l'intimité des petits cercles
rieurs et les causeries délassantes. On y jouait la comédie,
on y prenait ses plaisirs comme l'ancienne cour à Trianon ;
après le dîner, le premier consul ne dédaignait pas de faire
une partie de barres avec ses aides de camp ou de se faire
banquier au jeu du vingt-et-un. La Malmaison, c'était le
séjour favori de Joséphine ; elle aimait s'y promener avec
ses compagnes au milieu des kiosques, des bergeries, des
chaumières, autour des petits lacs où les cygnes noirs et
blancs apportaient la vie. Dans cette simple maison, d'où
le grand luxe était exclu, elle vivait selon son cœur, loin
des tracas de cette cour naissante qui lui était imposée par
l'ambition de son maître, ne se doutant pas encore qu'un
jour prochain viendrait où la raison d'État la conduirait
dans cette paisible retraite, comme dans un exil, après un
divorce éclatant et cruel.

Le salon de Mme de Staël, avant qu'elle quittât Paris
par ordre de Bonaparte, qui favorisa si peu sa plus sincère admiratrice, était plutôt une sorte de *bureau d'esprit*,
un véritable salon de conversation ; on en retrouvera bien

des aspects dans le roman de *Delphine*. « Elle recevait
beaucoup de monde, dit Mme de Rémusat [1] ; on traitait chez
elle avec liberté toutes les questions politiques. Louis
Bonaparte, fort jeune, la visitait quelquefois et prenait
plaisir à la conversation ; son frère s'en inquiéta, lui défen-
dit cette société et le fit surveiller. On y voyait des gens de
lettres, des publicistes, des hommes de la Révolution, des
grands seigneurs. Cette femme, disait le premier consul,
apprend à penser à ceux qui ne s'en aviseraient point ou
qui l'avaient oublié. »

Mme de Staël avait le goût des conversations animées
et poussait ce goût jusque sur les discussions auxquelles
elle ne prenait point part. « On l'amusait, écrit le duc de
Broglie [2], en soutenant avec vivacité toutes sortes d'opinions singulières, et chacun s'en donnait le plaisir. On se
battait à outrance dans sa société, il se portait d'énormes
coups d'épée, mais personne n'en gardait le souvenir... Son
salon était cette salle d'Odin, dans le paradis des Scandi-
naves, où les guerriers tués se relèvent sur leurs pieds et
recommencent à se battre. »

Cependant Mme de Staël ne conservait pas sous le
Consulat la haute action politique qu'elle avait eue précé-
demment dans le *cercle constitutionnel* où régnait son ami
Benjamin Constant ; ceux qui se rendaient à ses réunions
étaient tenus pour suspects, et les courtisans du futur
empereur ne fréquentaient point par prudence le cénacle
de l'auteur des *Lettres sur Rousseau*. Un remarquable dessin de Debucourt, de la collection Hennin, à la Bibliothèque nationale, représente une *Conférence de Mme de
Staël*, par une belle soirée d'été, au jardin du Luxembourg ;

1. *Mémoires de Mme de Rémusat* (1802-1808), t. II. Paris, Lévy, 1880.
2. Préface de M. le duc de Broglie sur les *Mémoires de Mme de Staël* (*Dix
années d'exil*).

hommes et femmes font cercle autour d'elle, et la conversation semble fort animée.

Le salon de Mme de Récamier, rue du Mont-Blanc, puis à Clichy-la-Garenne, était plus spécialement littéraire que celui de *Delphine;* ce fut un véritable terrain de conciliation pour tous les partis, car la politique n'y trouvait aucun écho ; la beauté éclatante de la maîtresse de céans la fit non moins célèbre que son esprit ne la rendit aimable. Les portraits que nous ont laissés d'elle Gérard et David nous font comprendre l'admiration qu'elle rencontra partout où sa fraîcheur d'Hébé et la grâce de son sourire de dix-huit ans se montrèrent. A cette époque où la société se composait de tant d'intérêts contraires, de passions hostiles, de professions différentes et de prétentions exagérées, les réunions semblaient pleines d'aspérités et les convenances n'avaient pas encore suffisamment pris le dessus pour qu'on n'eût pas à craindre à tout instant des chocs, des froissements, des heurts de vanités manifestes. Le talent de Mme Récamier fut d'apporter l'apaisement, la concorde, la bienveillance dans le milieu où régnaient ses charmes. Dans son salon, les nobles susceptibilités des gens de lettres furent un moment aux prises avec l'arrogance du sabre ; mais la charmante hôtesse préféra constamment l'homme de talent à l'homme en place, et l'artiste sincère au simple courtisan.

« Mme Récamier, nous raconte l'auteur des *Salons de Paris*, est la première personne qui ait eu une maison ouverte où l'on reçut ; elle voyait d'abord beaucoup de monde par l'état de son mari ; ensuite, pour elle, il y avait une autre manière de vivre, une autre société que celle que nécessairement son goût ne pouvait comprendre avec ces hommes qui savent et connaissent la vie. Portée à la bonne compagnie par sa nature, aimant ce qui est distingué, le cherchant et voulant avoir un bonheur intérieur dans cette maison où le luxe n'était pas tout pour elle, et où son cœur cherchait des amis, elle se forma une société et, malgré sa jeunesse, elle eut la gloire dès ce moment de servir de règle et de modèle aux autres femmes [1]. »

On rencontrait chez elle Garat, avec le charme de son chant fêté et acclamé de toutes parts, M. Dupaty, Hoffmann, Benjamin Constant, M. Després et son malicieux badinage, Adrien et Mathieu de Montmorency, M. de Bouillé et souvent aussi M. de Chateaubriand, le grand ami, le demi-dieu des jours à venir, M. de Bonald, M. de Valence, M. Ouvrard, Lucien Bonaparte et tous les hommes de bon ton, de manières courtoises, qui affectaient l'extrême quintessence du savoir-vivre. Les ambassadeurs, les généraux, les anciens révolutionnaires et les royalistes se voyaient là en bonne intelligence, semblant avoir abdiqué toutes leurs passions politiques. Mme de Staël manquait rarement aux fêtes intimes de sa jeune rivale, chez laquelle elle se plaisait à reconnaître un esprit supérieur et comme un doux parfum de beauté, de modestie et de vertu parfaite. Parmi les dames de ce salon, on citait lady Holland, Mme de Krüdener, Mlle de Sévrieux, Mme Junot, Mme Visconti, lady Yarmouth, et tout ce que Paris comptait de notabilités parmi la grande société française et étrangère.

Ce fut chez Mme Récamier que se donnèrent les premiers bals en règle dans une maison particulière après la

---

1. Mme d'Abrantès, *Histoire des salons de Paris*, t. VI.

Révolution. Ces fêtes étaient très suivies, et la délicieuse
Juliette savait varier sans cesse l'attraction de ses soirées;
c'était tantôt un concert, tantôt une lecture littéraire,
tantôt un spectacle entre deux paravents; non seulement
on y était reçu avec une grâce et une simplicité touchante,
mais encore on pouvait admirer cette délicieuse jeune
femme, semblable aux heures d'Herculanum, dansant un
pas avec tambour de basque ou scandant la *danse du schall,*
qu'elle avait inventée et qui faisait valoir la splendeur
de sa poitrine et de ses bras nus, la merveilleuse propor-
tion de son corps enveloppé d'une tunique à la *prêtresse,*
garnie de fleurs et de dentelles. Le vieux chevalier de
Boufflers, qui venait d'être rayé par le premier consul de
la liste des proscrits et qui revenait en France pour y
reprendre esprit, disait de Mme Récamier : « Jamais on
n'a vu mieux danser avec ses bras. »

Un autre salon moins brillant, mais qui eut son
influence, était celui de Mme de Genlis, à l'Arsenal ; cet
inépuisable bas-bleu approchait alors de la soixantaine ;
Bonaparte, qui la jugeait inoffensive aussi bien par son
talent que par ses opinions, la rappela d'exil, lui donna
une pension assez considérable avec le logement à la
bibliothèque de l'Arsenal et le droit de prendre dans cette
bibliothèque tous les livres qu'elle jugerait nécessaires à
son usage. Mme de Genlis prit un jour de réception : le
samedi ; chaque semaine, son salon fut de plus en plus
fréquenté par le monde littéraire et artiste ; on composait
et jouait des proverbes, on faisait de la musique ; parfois
Millevoye, le mélancolique poète, disait de sa voix lamen-
table et touchante, qui était si bien en harmonie avec son
visage de jeune désespéré, quelque élégie sombre et
frileuse dont la note attristée mettait des larmes aux cils
des femmes ; d'autres fois, c'était Dussault qui lisait avec

une certaine pédanterie ses principales causeries critiques
du *Journal des Débats,* ou quelques considérations sur *la
Littérature dans ses rapports avec les institutions sociales;*
le comte Elzéar de Sabran, frère de Mme de Custine, récitait ses fables avec esprit ; M. Fiévée contait le canevas
de la *Dot de Suzette,* et la nièce de Mme de Montesson ne
se faisait pas prier pour lire des chapitres de ses romans
en cours. Parmi les auditeurs, tout un
monde académique : MM. Chaptal, La
Harpe, Fontanes, M. le comte de Ségur,
Radet, Sabattier de Castres, Choiseul-
Gouffier, le cardinal Maury et même M. de
Talleyrand.

Dans le camp des femmes, on ne voyait
que bas-bleus du ton le plus tendre au
plus foncé : MM^{mes} de Chastenay, « adap-
tatrice » de romans étrangers ; la comtesse
Beaufort d'Hautpoul, amie des Muses;
Mme Kennen, nouvelliste ; Mme de Vannoz,
auteur du poème de la *Conversation,* joli
clair de lune du poète Delille, et enfin
Mme de Choiseul-Meuse, femme d'esprit
aimable, qui ne dédaignait pas d'écrire
des contes badins qui étaient comme un écho affaibli des
crébillonnades du XVIIIe siècle. Au demeurant, ce fut
un salon qui, bien qu'ouvert à deux battants, sentait
terriblement le renfermé, distillait l'ennui, et où, selon le
joli mot de Bonaparte, quand Mme de Genlis voulait définir
la vertu, elle en parlait toujours comme d'une curieuse et
bizarre découverte.

Un dernier salon littéraire en faveur à cette époque
où l'esprit des belles-lettres et des arts revenait en France,
était celui de Lucien Bonaparte dont Fontanes, Legouvé,

Joseph Chénier et Népomucène Lemercier, Chateaubriand
et Dorat-Cubières étaient les hôtes assidus. Les réceptions
se multipliaient de jour en jour davantage ; sur la fin du
Consulat, c'était à qui, dans le monde officiel et dans la
haute finance, tiendrait plus brillante assemblée à Paris ; aussi Gallais, l'observateur des mœurs du jour, notait avec
clairvoyance cette singulière manie des
réceptions dans des petites pages philosophiques qui semblent écrites d'hier :
« Ceux qui jouissent d'une grande
fortune, écrivait-il, ont encore le petit
défaut de recevoir de nombreuses sociétés.
On veut avoir beaucoup de carrosses à sa
porte, beaucoup de convives à sa table,
la foule dans son salon ; on veut faire
dire qu'on a *Tout Paris,* on veut que les
passants émerveillés du grand nombre de
fenêtres éclairées s'écrient : « Que cela
« est beau ! qu'ils sont heureux là dedans ! » et pourtant
on y bâille, on y périt de tristesse, et, sans la petite
vanité de pouvoir dire le lendemain : « J'étais au bal du
« duc de W... au dîner de M. de R... », on resterait volontiers chez soi. [1] »

Les deux plus grandes passions des Déesses de
l'an VIII furent la gloire et le plaisir ; assister aux revues,
aux parades, voir défiler dans les rues nos troupes victo-
rieuses qui marchaient sur les fleurs et le soir courir au

1. Gallais, *Mœurs et caractères du* XIXe *siècle.*

bal, aux soirées officielles, aux théâtres, telle fut la vie de notre société parisienne lorsque le Consulat fut solidement assis. Les trois sœurs du premier Consul, Mmes Élisa Baciocchi, Pauline Leclerc et Caroline Murat, rivalisaient de luxe et étaient à la tête du mouvement mondain, ainsi que Mmes Régnault de Saint-Jean-d'Angély, Méchin, Visconti, Hainguerlot, après toutefois Mme Bonaparte qui n'abdiquait pas le sceptre de la haute mode et de l'élégance la plus décorative. Les émigrés qui étaient rentrés en France eurent le pouvoir de ressusciter les anciens bals de l'Opéra qui depuis dix ans avaient disparu des divertissements publics. Le 24 février 1800, la salle de la rue de Louvois fut ouverte à une foule travestie et masquée, qui venait là assoiffée de bruit, de couleur, d'intrigues. Les femmes de tous les mondes rêvèrent de longs jours sur la confection de leurs costumes et dominos pour ces bals de carnaval qui furent très brillants et pleins de fantaisie.

Les dominos noirs et de couleur étaient cependant en majorité ; les hommes portaient le frac et le masque. Bosio nous a laissé du bal de l'Opéra une estampe précieuse qui représente la salle en pleine animation. La grande affaire était d'intriguer sous l'incognito. « On raconte, dit le bibliophile Jacob, que Mme Récamier, si charmante et si séduisante à visage découvert, perdait sous le masque toute sa timidité, quoiqu'elle ne se fût jamais décidée à employer le tutoiement autorisé dans ces causeries aventureuses. Les hommes d'Etat, les plus grandes dames, les princes eux-mêmes, aimaient à se montrer au bal de l'Opéra. Dans un de ces bals, le prince

de Wurtemberg reconnaît Mme Récamier qui refusait de
se faire connaître; il lui enleva une bague en se prome-
nant et lui écrivit le lendemain : « C'est à la plus belle,
« à la plus aimable, mais toujours à la plus fière des
« femmes que j'adresse ces lignes en lui renvoyant une
« bague qu'elle a bien voulu me confier au dernier bal. »
Le bal de l'Opéra conserva jusqu'à la fin de l'Empire le
ton et le caractère du plus grand monde [1]. »

Les quelques émigrés qui avaient pu ouvertement
revenir de l'étranger avaient apporté une certaine confusion dans les modes. Quelques-uns arboraient la bourse à
cheveux et les dentelles, d'autres la perruque poudrée,
quelques-uns la queue; il y eut antagonisme entre les
perruquiers de l'ancien régime et les coiffeurs modernes.
La coiffure de Bonaparte favorisa les Titus, mais la tenue
des récalcitrants faisait une véritable mascarade dans la rue.

Les femmes qui poussaient à l'ancien régime, par
caprice ou par coquetterie, étaient cependant ennemies de
la poudre, parce qu'elles tremblaient que la réforme ne les
atteignît, et qu'on ne finît par les grands paniers, après avoir
commencé par les chignons et les crêpés. Elles voyaient
juste, car quelques douairières de la cour de Louis XV
avaient soutenu qu'on ne pouvait être jolie avec les
modes grecques et romaines, et que la corruption des
mœurs ne datait que du moment où on avait porté les
cheveux courts et des robes qui dessinaient les formes [2].

Mme Bonaparte était à la tête de l'opposition; il lui
appartenait de défendre la grâce et le bon goût; de plus,
elle détestait la gêne et la représentation trop officielle;

1. *Directoire, Consulat et Empire. Mœurs et usages*, par Paul Lacroix,
bibliophile Jacob.
2. *Histoire populaire de Napoléon et de la grande armée*, par Marco
de Saint-Hilaire.

les vêtements empesés lui faisaient peur. La toilette cependant était une partie de sa vie ; mais il lui fallait les costumes du jour, les robes décolletées à taille haute, les vêtements souples, la coiffure romaine avec bandeau, bandelettes ou une résille d'or lui enveloppant la tête. On ne conçoit pas Joséphine en perruque poudrée, avec jupes à falbalas ; elle n'avait pas les grâces mièvres et délicates des femmes du règne de Louis XVI ; sa nature puissante n'avait point besoin d'être étoffée ; une robe de cachemire moulant son torse et laissant les bras et la poitrine à nu, une tunique à la Cornélie, voilà ce qu'il fallait à sa beauté exubérante. Les nombreuses toilettes que lui fournissait Leroy ou Mlle Despaux, bien que d'une richesse extrême de garniture, étaient toujours d'une coupe savante, voluptueuse et simple.

Les femmes les plus attentives à suivre la mode portaient sous le Consulat de longues jupes de perkale des Indes, d'une extrême finesse, ayant une demi-queue et brodées tout autour, telles que Mlles Lolive et Beuvry, les lingères à la mode, avaient le génie de les exécuter ; les ornements du bas étaient des guirlandes de pampres, de chêne, de laurier, de jasmins, de capucines. Le corsage de ces jupes était détaché ; il était taillé en manière de *spencer,* cela s'appelait un *canezou ;* le tour et le bout des manches *Amadis* étaient brodés de festons ; le col avait pour garniture ordinaire du point à l'aiguille ou de très belle malines... Sur la tête on avait une toque de velours noir, avec deux plumes blanches ; sur les épaules, un très beau schall de cachemire de couleur tranchante ; quelquefois on attachait à la toque noire un long voile de

point d'Angleterre, rejeté sur le côté ; la toilette était de
la sorte aussi élégante que possible. On voyait également
des redingotes de mousseline de l'Inde doublées de marce-
line et brodées *en plein* d'un semis de fleurs ou d'étoiles ;
toutes les femmes, au premier temps du Consulat, apparaissaient neigeuses dans une symphonie de blanc. Le
règne des cheveux à la Titus passa peu à peu ; on se
coiffa avec des *regrets* assortis, avec les
mèches des cheveux abaissés sur le front ;
la mode des turbans et des chapeaux de
satin reprit faveur : presque tous étaient
blancs. Voici, du reste, d'après La Mésangère, quelques indications de costumes précieuses à noter :

« Encore des voiles sur la tête,
encore des demi-fichus de tulle avan-
cés sur les joues ; des turbans ovales,
des chapeaux de crêpe ou de florence
très négligemment drapés, quelques capotes
anglaises à fond rond et plat, ayant par
devant un très large bord, qui, prenant la
direction du fond, forme voûte et met le
visage dans un enfoncement. Quelques
Titus, force coiffures en cheveux longs, perpendiculaire-
ment relevés et fixés, ce que l'on nomme à la chinoise,
sur le sommet de la tête. Pour le matin, des cornettes à
peine nouées sous le menton ou des calottes de tulle
brodé auxquelles s'adapte quelquefois une longue et large
barbe qui fait tour et demi. Pour monter à cheval, des chapeaux de feutre à long poil, d'un gris roussâtre, dont le
bord est relevé tantôt à droite, tantôt à gauche, quelquefois sur le devant, et qui ont pour ornement une ou deux
plumes d'autruche frisées de la couleur du chapeau. » —

Telles étaient, au début du siècle, les principales coiffures à la mode.

Parmi les bijoux, on citait, comme article d'un grand débit, les croix bordées de perles ou de diamants et les bracelets formés d'un ruban d'or tricoté. Les peignes à l'antique exerçaient toujours l'industrie des joailliers ; on renchérissait chaque jour sur l'élégance et sur la pureté d'exécution des dessins du cintre où les diamants, les pierres fines et les camées trouvaient place. Les douillettes commençaient à se répandre ; on les portait longues, rasant la terre, avec grandes manches retroussées sur le poignet et collet en rotonde. La couleur était bronze florentin, ramoneur foncé, gros bleu ou puce. Les spencers, généralement en florence noir, avaient de très petits revers et le collet en rotonde. Après les schalls longs de cachemire et les schalls carrés de drap fin, brodés en or, ceux qui étaient le plus en vogue étaient les schalls de six quarts, en per- kale teinte en rouge cramoisi, en brun terre d'Égypte ou en gros bleu, ayant pour bordure une bro- derie au crochet, de soie de couleur. Des différentes manu- factures des environs de Paris sortaient des schalls teints, à grands ramages, que l'on nommait schalls turcs parce que leurs dessins affectaient une allure orientale. Pour les demi-parures, quelques élégantes faisaient broder en blanc des demi-fichus de tulle ponceau, amarante ou gros vert.

Comme bijoux, la topaze fut très recherchée pour les boucles d'oreilles en poires ; celles en brillants ne se por- taient plus en cerceaux, mais en pendeloques. On employait beaucoup de camées coquilles pour les plaques de collier

8

qu'on entourait de perles fines. Les bracelets étaient faits
pour la plupart de tresses d'or plates et de la largeur
d'un ruban. Jamais on n'en porta autant. La même personne en montrait parfois quatre ou cinq à la fois, qui
étaient placés dans le haut de chaque bras et aux poignets
pour serrer les manches larges dont la mode existait alors.
— Les éventails étaient de crêpe noir, blanc ou brun,
brodés de paillettes d'or, d'argent ou d'acier.
Les dessins formaient des arabesques, des
saules pleureurs, des cascades et des gerbes;
ces éventails étaient relativement petits,
cinq ou six pouces de longueur. Les
montres de cou, avec cadrans à recouvre-
ment de fleurs, se portaient plus que
jamais parmi les élégantes. Les gants
étaient très hauts, couvrant le bras
entièrement et sans boutons, soit
blancs, soit paille, soit d'un ton vert
passé exquis. Jamais les femmes ne
portèrent mieux le gant plissé qui
s'harmonisait si délicieusement avec
les costumes du temps.

Le langage, la table, les meubles,
tout était devenu la proie de la mode;
la variété dans le luxe était portée à un tel point qu'une
femme mise à *la romaine* se croyait tenue de recevoir
dans un appartement *romain* et cette même femme, par
esprit de genre, devait faire chaque jour non seulement
sa toilette, mais celle de son appartement. Se mettait-elle
en grecque? vite, les meubles grecs; — prenait-elle le turban et la tunique turcs? aussitôt les sophas et les tapis
de Turquie déployaient leur coloris éclatant; — se
vêtait-elle en Égyptienne? il fallait sortir momies, sphinx,

pendule en monolithe, et disposer à l'instant en tente orientale sa chambre de réception. Le meuble favori était le lit qui était ordinairement de citronnier ou d'acajou, forme bateau, avec ornement en or pur finement ciselé ; les cachemires et les mousselines des Indes, bordés de dentelles, étaient employés pour rideaux ; les coussins se recouvraient de point anglais ; les couvertures, de satin brodé. On se ruinait pour un lit de parade.

Dans les réceptions, tous les appartements étaient grands ouverts et éclairés, et, tandis que la maîtresse du logis s'occupait très gracieusement des soins de son salon, les invités étaient admis à se promener partout, en curieux, admirant les canapés antiques, la chambre grecque, le lit romain et le boudoir chinois.

« Les révolutionnaires enrichis commençaient à s'emménager dans les grands hôtels vendus du faubourg Saint-Germain, raconte, à la date de son arrivée à Paris, Chateaubriand dans ses *Mémoires d'outre tombe*. En train de devenir barons et comtes, les Jacobins ne parlaient que des horreurs de 1793, de la nécessité de châtier les prolétaires et de réprimer les excès de la populace. Bonaparte, plaçant les Brutus et les Scævola à sa police, se préparait à les barioler de rubans et à les salir de titres... Entre tout cela poussait une génération vigoureuse, semée dans le sang et s'élevant pour ne plus répandre que celui de l'étranger ; de jour en jour s'accomplissait la métamorphose des républicains en impérialistes, et de la tyrannie de tous dans le despotisme d'un seul. »

Passons donc à l'Empire, pour juger, en dehors de tous événements historiques et mieux que dans cette époque de transition, des fantaisies de la mode et des grandes coquettes à travers les pompes de la glorieuse épopée impériale.

CHAPITRE III

LES

TOILETTES DU PREMIER EMPIRE

CHAPITRE III

LES TOILETTES DU PREMIER EMPIRE

Les atours des « agréables » et des grandes coquettes

L E cercle de l'Impératrice, aux premiers jours de l'Empire, était gai et
organisé sans trop d'apparat; on n'y voyait
pas ces intrigues de palais qui en firent par
la suite un endroit si périlleux pour les
courtisans. A cette époque on recevait une ou
deux fois par semaine quelques hommes de
guerre, de sciences et de lettres à souper aux
Tuileries. — « On s'y rendait à huit heures,
raconte Mme de Rémusat, si précise sur tous
les détails intimes des Tuileries; on arborait
une toilette recherchée, mais sans habit de
Cour; on jouait dans le salon du rez-de-chaussée qui fut
plus tard celui de Madame. Quand Bonaparte arrivait,

on passait dans une salle où des chanteurs italiens donnaient un concert qui durait une demi-heure ; ensuite
on rentrait dans le salon et on reprenait les parties ; l'Empereur allant et venant, causant ou jouant selon sa fantaisie. A onze heures, on servait un grand et élégant
souper : les femmes seules s'y asseyaient. Le fauteuil de
Bonaparte demeurait vide ; il tournait autour de la table,
ne mangeait rien, et, le souper fini, il se retirait. A ces
petites soirées étaient toujours invités les Princes et les
Princesses, les grands officiers de l'Empire, deux ou
trois ministres et quelques maréchaux, des généraux,
des sénateurs et des conseillers d'État avec leurs femmes.
Il y avait là de grands assauts de toilettes ; l'Impératrice
y paraissait toujours, ainsi que ses belles-sœurs, avec une
parure nouvelle et beaucoup de perles et de pierreries.
Elle a eu dans son écrin pour un million de perles.

« On commençait à porter beaucoup d'étoffes lamées en
or et en argent, et la mode des turbans s'établissait à la
Cour ; on les faisait avec de la mousseline blanche ou de
couleur, semée d'or, ou bien avec des étoffes turques très
brillantes ; les vêtements peu à peu prenaient une forme
orientale. Les dames de la Cour mettaient, sur des robes
de mousseline richement brodées, de petites robes courtes,
ouvertes sur le devant, en étoffe de couleur, les bras, les
épaules, la poitrine découverts. »

Rappelons que les femmes composant la maison de
l'Impératrice étaient les suivantes : Dame d'honneur,
Mme de La Rochefoucauld ; Dame d'atours, Mme de La
Valette ; Dames du Palais, Mmes de Rémusat, Duchâtel, la
duchesse de Bassano, d'Arberg, de Mortemart, de Mont-
morency, de Marescot, de Bouillé, Octave de Ségur, de
Chevreuse, Philippe de Ségur, de Luçay, la maréchale
Ney, la maréchale Lannes, la duchesse de Rovigo, de

Montalivet, de Lauriston, de Vaux, Mlle d'Arberg, depuis comtesse Klein, Mmes de Colbert, de Serant et enfin Mme Gazani, lectrice.

La Dame d'atours avait sous ses ordres une première femme des atours, Mme Aubert, qui avait pour charge de s'occuper des soins et entretiens de toute la garde-robe. L'Impératrice avait en outre des huissiers et des dames d'annonce, des valets de pied d'anti-chambre, et deux pages pour porter la queue de sa robe quand elle sortait de ses apparte-ments ou montait en carrosse. — Mme d'Abrantès, qui était elle-même attachée à la maison de Madame Mère, et qui devint par la suite l'ai-mable gouvernante de Paris, a laissé quel-ques notes sur ces Dames du Palais.

Pour l'étiquette ordinaire des Cercles, il n'y avait aux Tuileries que les femmes présentées, en grande toilette, avec le manteau de Cour en velours ou en soie, brodé d'or, d'argent, et quelquefois enrichi de perles et de pierreries. Les hommes venaient en uniforme ou dans le costume de leur place, et quelquefois, ce que l'Empe-reur préférait, en habits de fantaisie de velours, soie ou satin, relevés de riches broderies, et l'épée au côté. Dans ces réunions ultra-officielles, on parlait peu ; mais on observait beaucoup, tout oreilles et tout yeux ; on se clas-sait par petites sociétés, la vieille noblesse faisant dédain des parvenus de l'Empire. Aussi une sourde excitation régnait dans ces salons, le dépit s'en mêlait et les pointes, les sous-entendus, les agaceries allaient leur train ; parfois, plusieurs familles prenaient feu parce qu'une petite com-tesse du nouveau régime avait adroitement attiré dans

son camp l'amant d'une marquise de l'ancienne Cour.

Il était d'usage qu'à ces réunions l'Impératrice se pla-
çât à une table de whist avec les trois seigneurs les plus
titrés et qualifiés de l'assemblée, on faisait cercle autour
de la table; l'Empereur jouait rarement; il allait d'un
salon à l'autre, parlant brièvement à chacun et s'arrêtant
de préférence au milieu des femmes, avec lesquelles il
aimait à plaisanter avec plus de bonhomie
que de malicieuse galanterie. Napoléon aimait la femme plus et mieux qu'on a voulu
le dire, mais il sentait le danger de s'abandonner à elle; il craignait son influence et
ses perfidies; et il avait toujours présent à
l'esprit l'apologue de Samson et de Dalila.
Il arrivait à elle en conquérant et dédaigneux
des sièges en règle; il lui fallait lire dans
deux beaux yeux que la place se rendait, et
que là comme ailleurs la victoire lui était assurée. Au fond, comme la plupart des hommes
de guerre, ce fut un piètre amoureux, plus
despote que tendre, parfois brutal, souvent
cynique, ayant comme un vernis de morale
bourgeoise qu'il laissait voir à tout propos. Joséphine fut
la seule femme qui, par ses abandons, sa douceur de créole,
son manque de résistance et ses larmes, ait su le captiver
quelque temps; encore dut-elle subir toutes les fantaisies
de ce maître inflexible qui poussait la cruauté jusqu'à
attiser sa jalousie par le récit détaillé de ses caprices.

Mlle Aurillon, dans ses *Mémoires*, nous dit en effet :
« Comme l'Empereur satisfaisait ses petites passions
sans que le sentiment y entrât pour quelque chose, il
sacrifiait sans difficulté à sa femme les objets de sa jalousie; il faisait plus, et en cela je ne pouvais m'empêcher de

le désapprouver fort; lorsque l'Impératrice en parlait, il lui en disait plus qu'elle ne demandait à en savoir, lui citait même des imperfections cachées et lui nommait, à propos d'un autre aveu, telle ou telle dame de la Cour, dont il n'était nullement question et qui n'avait rien à lui refuser. »

Napoléon était, il faut bien le dire, intrigué de toute part, aussi bien par des billets doux que par des démarches personnelles. Son génie, ses exploits incroyables, le prodigieux de sa fortune étaient bien faits pour bouleverser l'imagination de toutes les femmes et jeunes filles de l'univers; bien plus, son visage (l'admirable portrait du baron Gros en est le témoignage) avait une beauté particulière, inoubliable, un charme à nul autre pareil, comme une attirance puissante que devaient sentir toutes les créatures de sa Cour; aussi comprend-on qu'arrivé à l'Empire il ait fait tourner la tête de toutes les grandes coquettes de la capitale. Constant, son valet de chambre qui, lui aussi, a laissé des *Mémoires,* se défend d'avoir jamais ouvert la porte aux innombrables solliciteuses d'amour qui venaient l'assiéger chaque jour : « Je n'ai jamais voulu, dit-il, à ce propos, me mêler d'affaires de cette nature; je n'étais pas assez grand seigneur pour trouver un tel emploi honorable. Ce n'est pourtant point faute d'avoir été indirectement sondé, ou même ouvertement sollicité par certaines dames qui ambitionnaient le titre de favorites, bien que ce titre ne donnât que fort peu de droits et de privilèges auprès de l'Empereur... Quoique Sa Majesté prît plaisir à ressusciter les usages de l'ancienne cour, les secrètes attributions du premier valet de chambre ne furent cependant pas rétablies, et je me gardai bien de les réclamer; assez d'autres étaient scrupuleux moins que moi. » — (Ce Constant déborde de dignité!)

Parmi ses proches, hommes et femmes, Bonaparte trouva en effet plus de complaisance, et l'histoire anecdotique nous révèle mille et une aventures curieuses où de grands généraux et des parentes très proches de l'Empereur ne refusèrent pas de s'entremettre pour complaire aux fantaisies d'un moment du vainqueur de l'Autriche. Mais il ne rentre pas dans notre programme de parler ici de ces frivoles amours; ces croquis de mode doivent s'arrêter à l'alcôve des monarques et même ne mettre en scène que ces personnages vagues qui sont de tous temps comme le porte-manteau des costumes et des idées. Aussi laisserons-nous Napoléon à ses gloires et à ses historiens, pour ne jeter qu'un rapide coup d'œil sur les aimables coquetteries de son temps, ainsi que sur les fastes et les pompes du Paris de 1806 à 1809.

L'Impératrice Joséphine avait six cent mille francs pour sa dépense personnelle, plus environ cent trente mille francs pour sa cassette et ses aumônes. On pourrait croire que cette somme était plus que suffisante pour faire face aux toilettes ordinaires et extraordinaires de sa gracieuse Majesté; mais Joséphine était si prodigue, si généreuse, si étourdie, si folle en ses caprices qu'elle se voyait continuellement endettée et obligée d'avoir recours à la bourse de l'Empereur.

Dans son intérieur, aux Tuileries, c'était le désordre même; ses appartements étaient sans cesse assiégés de

parents et de petits arrière-cousins pauvres, de marchandes
à la toilette, de bijoutiers, d'orfèvres, de tireuses de cartes,
de peintres et de miniaturistes qui venaient
faire ces innombrables portraits sur toile ou
sur ivoire qu'elle distribuait si aisément à tous
ses amis, même aux négociants de passage
et à ses filles de chambre. Elle ne
pouvait se soumettre à aucun décorum ni à aucune étiquette dans cette
vie privée où son indolence était à l'aise
au milieu du fouillis des étoffes, des
tapis bouleversés, des ballots entr'ouverts. Elle avait fait de ses petits salons un
temple à la toilette où tous les marchands
étrangers et les vieilles brocanteuses de
bijoux et de soieries avaient un facile accès.
Bonaparte avait interdit l'entrée du Palais
à toute cette horde mercantile, dépenaillée
et sordide; il avait fait formellement promettre à sa
femme de ne plus recevoir à l'avenir ces échappés des
Ghetto parisiens; Joséphine jurait de ne le plus faire,
pleurait un peu; mais le lendemain elle trouvait encore
moyen de faire monter à elle ces bazars ambulants et de
vivre à sa guise dans la poussière des paquets défaits,
curieuse d'inventorier les soieries orientales, les broderies
persanes, les fichus et les pierreries d'occasion, charmée
par le chatoiement des couleurs, par la finesse des tissus,
par l'imprévu des déballages.

« On lui apportait sans cesse, dit Mme de Rémusat, des
bijoux, des schalls, des étoffes, des colifichets de toute
espèce; elle achetait tout, sans jamais demander le prix,
et, la plupart du temps, oubliait ce qu'elle avait acheté.
Dès le début, elle signifia à sa dame d'honneur et à sa

dame d'atours qu'elles n'eussent pas à se mêler de sa
garde-robe. Tout se passait entre elle et ses femmes de
chambre, qui étaient au nombre de sept ou huit. — Elle
se levait à neuf heures; sa toilette était fort longue; il y
en avait une partie fort secrète et tout employée à nombre
de recherches pour entretenir et même farder sa personne.
Quand tout cela était fini, elle se faisait coiffer, enveloppée
dans un long peignoir très élégant et garni de dentelles.
Ses chemises, ses jupons étaient brodés et aussi garnis.
Elle changeait de chemise et de tout linge trois fois par
jour et ne portait que des bas neufs. Tandis qu'elle se
coiffait, si les Dames du Palais se présentaient à sa porte,
elle les faisait entrer. Quand elle était peignée, on lui
apportait de grandes corbeilles qui contenaient plusieurs
robes différentes, plusieurs chapeaux et plusieurs schalls;
c'étaient en été des robes de mousseline ou de perkale
très brodées et très ornées; en hiver, des redingotes
d'étoffe ou de velours. Elle choisissait la parure du jour,
et, le matin, elle se coiffait toujours avec un chapeau
garni de fleurs et de plumes et des vêtements qui la couvraient beaucoup. Le nombre de ses schalls allait de trois
à quatre cents; elle en faisait des robes, des couvertures
pour son lit, des coussins pour son chien. Elle en avait
constamment un toute la matinée qu'elle drapait sur ses
épaules, avec une grâce que je n'ai vue qu'à elle. Bonaparte, qui trouvait que les schalls la couvraient trop, les
arrachait et quelquefois les jetait au feu; alors elle en
redemandait un autre. Elle achetait tous ceux qu'on lui
apportait, de quelque prix qu'ils fussent; je lui en ai vu
de huit, dix et douze mille francs. Au reste, c'était un des
grands luxes de cette Cour : on dédaignait d'y porter ceux
qui n'auraient coûté que cinquante louis, et on se vantait
du prix qu'on avait mis à ceux qu'on s'y montrait. »

La fureur des schalls de cachemire, de Perse et du Levant, ainsi que tout le goût oriental qui dominait alors dans le monde des grandes coquettes, provenaient de l'expédition d'Égypte et des étoffes que nos vaisseaux avaient rapportées du Caire et d'autres lieux. Joséphine qui avait déjà, à son retour d'Italie, mis en vogue les modes antiques dans les parures et principalement pour les bandeaux en camées, les bracelets et les pendeloques d'oreille devait être aussi la première à faire circuler les broderies orientales, les turbans tissés d'or et toutes les soieries des Indes. D'humeur oisive et paresseuse, n'ayant aucun goût pour la littérature, ne lisant jamais, écrivant le moins possible, peu faite pour les travaux intellectuels, sa nature passive s'était entièrement donnée aux jouissances de la toilette et à l'ornementation de ses jardins et appartements. Elle fuyait le théâtre et n'y allait guère qu'en compagnie de l'Empereur ; mais, sans sortir de son cercle, elle avait l'art de gaspiller l'or à pleines mains, au point d'en irriter Bonaparte qui cependant calculait peu et ne refusait rien à sa femme. La journée se passait en toilettes diverses ; le soir, elle apportait plus de recherche et d'élégance encore dans la disposition de ses robes ; généralement Joséphine se coiffait simplement, à la manière antique, entremêlant dans ses beaux cheveux noirs, relevés sur le haut de la tête, des guirlandes de fleurs, des résilles de perles ou des bandelettes constellées de pierres précieuses. Le plus souvent elle portait ces robes blanches dont Napoléon raffolait et qui étaient faites d'un tissu de mousseline de l'Inde si fin et si clair qu'on eût dit une robe de brouillard ; ce tissu oriental ne coûtait pas moins de cent à cent cinquante francs l'aune. Au bas de la jupe se trouvaient des festons d'or brodé et de perles, et le corsage, drapé à gros plis, lais-

sait les bras nus et était arrêté sur les épaules par des
camées, des boucles de diamants ou des têtes de lion
d'or formant agrafes.

L'Impératrice avait, comme la plupart des grandes
élégantes de l'Empire, la curieuse préoccupation d'assortir
toutes ses toilettes à la couleur du mobilier qui devait lui
servir de décor et de repoussoir ; une robe d'un bleu mourant convenait aux salons de brocatelle jaune et une robe
de Cour en velours vert myrte s'encadrait seulement dans
des tentures de damas de soie ponceau. C'était là un
grand souci pour toutes les dames aimant à paraître dans
le triomphe de leurs atours, et, dit-on, lorsque la princesse
Borghèse, ci-devant Mme Leclerc, fut reçue à Saint-
Cloud, au lendemain de son mariage, elle faillit mourir de
dépit en étalant sur le bleu profond des divans une
somptueuse tunique de brocart vert entièrement brodée
de brillants. — Cette délicatesse était exquise !

Mme de Rémusat, à qui il faut bien revenir pour tous
les petits bavardages de toilette et les commérages du
Palais, ne cache rien des prodigalités de Joséphine. « La
moindre petite assemblée, le moindre bal lui étaient
une occasion, dit-elle, de commander une parure nouvelle,
en dépit des nombreux magasins de chiffons dont on
gardait les provisions dans tous les palais, car elle avait
la manie de ne se défaire de rien. Il serait impossible de
dire quelles sommes elle a consommées en vêtements de
toute espèce. Chez tous les marchands de Paris on voyait
toujours quelque chose qui se faisait pour elle. Je lui ai
vu, poursuit sa Dame du Palais, plusieurs robes de dentelle de quarante, cinquante et même cent mille francs. Il est
presque incroyable que ce goût de parure si complètement
satisfait ne se soit jamais blasé. Après le divorce, à la
Malmaison, elle a conservé le même luxe, et elle se parait

même quand elle ne devait recevoir personne... Le jour
de sa mort, elle voulut qu'on lui passât une robe de
chambre fort élégante, parce qu'elle pensait que l'Empereur de Russie viendrait peut-être la voir. » Elle a
donc expiré toute couverte de rubans et de satin couleur
de rose.

On conçoit ce que cette passion de l'Impératrice pour
le luxe et la dépense devait causer d'émulation à la Cour et ce qu'il fallait chaque
jour inventer, combiner, faire exécuter pour
paraître honorablement autour d'elle, sans
risque de faire tache ou d'indisposer Sa Majesté. La reine Hortense, la jeune épouse de
Louis Bonaparte, déployait une grande richesse dans sa mise selon le ton de la Cour ;
mais elle apportait dans son luxe beaucoup
de discrétion, d'ordre et d'économie. Tel
n'était pas l'esprit de Caroline Murat et de
la princesse Pauline Borghèse qui étaient
prises de la fureur d'éclipser leur belle-
sœur et qui mettaient toute leur vanité, tout
leur plaisir dans la parure et l'ostentation.
Furieuses d'être placées... elles, — des Bonaparte, — au-dessous d'une Beauharnais dans la hiérarchie de l'Empire, elles
ne savaient que trouver pour accentuer leur rivalité avec
Joséphine et la piquer au jeu sous des allures cordiales
et affectueuses. Elles ne paraissaient jamais aux Tuileries que dans des habits de cérémonie qui coûtaient pour
le moins quinze à vingt mille francs et qu'elles avaient
parfois la fantaisie de surcharger, au milieu de mille torsades de broderie, de tous les joyaux les plus rutilants de
leurs cassettes.

Parmi les grandes coquettes de la cour, Mmes Savary,

plus tard duchesse de Rovigo, et Maret, future duchesse
de Bassano, ainsi que Mme de Canisy, étaient mises au
premier rang après les princesses ; on comptait qu'elles
dépensaient annuellement plus de vingt mille écus pour
leur toilette, ce qui était, relativement à la valeur de
l'argent au commencement de ce siècle, une somme considérée comme excessive. Dans le fameux quadrille exécuté
par la suite : *Les Péruviens allant au Temple du Soleil,*
on calcula que le nombre de diamants porté par les dames
de l'Empire se chiffrait par une somme de vingt millions
de francs ; on ne manqua pas de crier à l'impossible, à la
féerie, comme si Aladin en personne fût venu aux Tuileries. — A la fin de ce siècle, en ce moment même, nous
serions plus croyants et médiocrement éblouis par ce chiffre.

De la Cour passons à la Ville et regardons les modes
parisiennes au milieu des plaisirs publics.

❦

Le 1er janvier 1806 mit un terme au calendrier républicain qui avait été appliqué durant treize ans et un peu
plus de trois mois ; l'an XIV fut interrompu brusque-
ment au début de nivôse, et l'on revint au calendrier
grégorien dans les actes publics et privés, dans les cor-
respondances, journaux et toutes les feuilles imprimées,
sans qu'il y eût de dissidences. Les dernières traces de la
République disparaissaient ainsi. La France était tout à
son idole, au triomphateur. Partout on célébrait son
retour dans un débordement d'enthousiasme. De la rue
montaient des cris de gloire : Victoire ! victoire ! vive la
Grande Armée ! vive l'Empereur ! — A l'Opéra, dans les
principaux théâtres de Paris, on chantait des chœurs à
Napoléon le Grand, les soldats qu'on rencontrait étaient

traités en héros. Esmenard, le barde impérial, convoquait les muses à fêter le guerrier; la nation entière était secouée dans son patriotisme le plus ardent.

Le luxe et l'élégance s'affichaient maintenant de tous côtés; les soirées officielles, les bals, les concerts se succédaient sans relâche dans la nouvelle société parisienne; les sénateurs, les membres du Corps législatif, les maréchaux de l'Empire offraient des fêtes incomparables au souverain; les uniformes éclatants des officiers de l'armée se mariaient aux robes chargées de pierreries dans l'éblouissement des lumières et des fleurs; jamais on n'approcha si près de l'incroyable magie des contes bleus, jamais peut être aussi les femmes n'encadrèrent leur jeunesse et leur beauté dans plus de magnificence, de splendeur et d'apparat.

La mode était encore sinon aux nudités voilées, du moins aux demi-transparences, au nu relatif. En dépit du froid, les courageuses Françaises allaient à la promenade les bras à peine couverts, la gorge entr'ouverte, le pied mignonnement emprisonné dans la soie et le soulier à jour; de même que les hommes bravaient la mort pour la gloire, elles aussi bravaient la *camarde* pour le plaisir et la galanterie. Les coquettes les plus frileuses couraient sur les boulevards et visitaient les boutiques dans une légère redingote fourrée avec collet de cygne, un voile encapuchonnant la capote, quelquefois une palatine ajoutée au schall ou le schall doublant la redingote. Le *Witz choura* n'apparaissait pas encore et le manchon n'avait plus les dimensions d'un gros fût d'un mètre ainsi que ceux du Directoire. La coupe des robes habillées était plus étoffée qu'autrefois, bien que la taille fût très courte et fît saillir les seins plus haut que la nature ne semble l'indiquer. On employait plusieurs aunes de mousseline à la confection de la robe et du corsage; le dos d'une femme en toilette était élargi par les épaulettes, cassé en rond par le décolletage, mettant en valeur les grâces du cou et les beautés attirantes de la nuque ; peu de fard ou de poudre aux joues, une pâleur mate et naturelle était de bon goût ainsi que des cheveux en désordre ; les Titus revenaient avec plus de frisons sur la tempe et le front ; les diadèmes et les bandeaux se portaient généralement. Aux jupes moulant le corps on ajoutait un peu partout une profusion de fleurs.

Les guirlandes de roses de Bengale, l'héliotrope, le jasmin, l'œillet, le laurier rose et blanc, la rose bleue furent tour à tour très portés, surtout à la fin de l'Empire, quand les modes *troubadour*, les chapeaux *à créneaux*, les manches *à la mameluck*, les cheveux *à l'enfant* nous apportèrent un je ne sais quoi de gothique et de féodal qui concordait si bien avec la littérature romancière sombre, contournée, sentimentale et niaise de Ducray-Duminil, de Mmes Radcliff ou de Chastenay.

De 1806 à 1809 on se couvrit de bijoux à ce point que les femmes semblaient des vitrines ambulantes; aux doigts les bagues s'étageaient; les chaînes d'or faisaient jusqu'à huit fois le tour du cou, les pendeloques lourdes et massives tiraient le lobe de l'oreille, aux bras serpentaient la ciselure et l'émail des bracelets de toutes formes; les colliers de perles en torsades ou en franges ornaient les coiffures en cheveux, formant bourrelet sur le devant et parfois retombant sur l'épaule. De longues épingles d'or fixaient les cheveux relevés à la chinoise; les diadèmes, formés d'une feuille de laurier, or et diamants d'un côté, d'une branche d'olivier, or et perles de l'autre, ceignaient le front des élégantes. Les peignes se composaient d'une branche de saule pleureur, or, diamants et perles, beaucoup de colliers, dont le plus apprécié était le collier *au vainqueur,* mélange singulier de cœurs en cornaline, en bois de palmier, en sardoine, en malachite, en lapis, suspendus à une chaîne d'or. La boîte à odeurs du dernier goût s'appelait *bouton de rose;* le dessus était émail et or; la fleur, finement tracée en perles fines, se trouvait peinte sous la forme réelle d'un bouton d'églantier.

Le luxe des bijoux fut tel que la réaction arriva, et qu'ils furent peu à peu proscrits; on commença par porter les brillants sur des montures invisibles, à enfiler les perles, l'ambre, l'améthyste, la cornaline, l'agate, sur un simple cordon de soie; puis insensiblement on relégua le tout dans les coffrets, et le suprême bon ton aux environs de 1810 fut de se montrer d'une sobriété absolue dans l'étalage de tous ses colifichets.

Pour les hommes une mode qui se généralisa fut celle du *Soleil levant.* Toutes les ciselures furent faites au *Soleil levant;* la garde de l'épée, les boucles, les boutons de métal, la boîte de montre, les parties brodées... Partout des aurores. — Le pourquoi de cette vogue d'un goût japonais : emblème ou caprice? — On n'en sut jamais rien.

La journée d'une coquette impériale était entièrement livrée aux menus soins de la toilette. A son petit lever,

elle se plongeait dans un bain chinois, à pâte d'amande
parfumée, se faisait polir, poncer, essencer; elle passait
de la manicure au pédicure, puis elle endossait une capote
de mousseline brodée à tablier et déjeunait. Alors arrivaient les marchandes, les lingères et modistes et l'indispensable professeur de salut et de présentation, le
démonstrateur émérite de la danse à caractère, qu'on
désignait sous le nom de *M. Courbette* et
qui, durant une heure, apprenait à allonger,
arrondir, gracieuser le bras, à saluer de la
main, à faire révérence, à se tenir sur la
hanche droite ou gauche, et qui terminait
la séance par une lumineuse analyse sur la
Morale de la danse terre à terre. Le secrétaire succédait au maître danseur; il écrivait quelques courtes missives et vite était
congédié. C'était l'heure de la promenade
au bois de Boulogne et à Bagatelle. La
nymphe légère vêtissait l'amazone, se lan-
çait sur un coursier superbe ou bien faisait
atteler sa calèche à parasol ou son cabriolet
couleur d'écaille pour aller faire admirer
ses charmes dans quelque fête champêtre.

Au retour de la course, elle venait juger de l'effet de
certaine robe grecque exécutée sur un dessin nouveau, et,
passant dans son boudoir antique, elle donnait audience à
son coiffeur. Celui-ci était déjà venu le matin préparer ses
cheveux à la Titus, dont il n'avait laissé paraître que
quelques crochets s'échappant d'un petit bonnet. Maintenant, il se présentait pour le grand œuvre, l'œil rêveur,
posant à l'artiste, cherchant l'inspiration et tenant d'une
main un croquis représentant Mlle Mars ou la Duchesnois,
et de l'autre un petit bandeau de mousseline imitant un

schall, tant le tissu en était coloré et souple. Il regardait tour à tour le croquis et la tête de la belle indolente, puis il mariait habilement l'étoffe et les cheveux, laissant tomber sur l'épaule gauche les deux bouts inégaux du schall rouge ou jaune ; alors, se retirant en arrière, clignant de l'œil à la glace, il demandait à la petite-maîtresse si cette coiffure *à la Benjamin* ou *à la Siméon* était de son goût, jurant pour sa part qu'elle seyait à merveille au caractère piquant de sa figure.

Le soir, dans une robe garnie en peluche de soie ou dans une tunique de crêpe blanc relevée de satin, elle prenait une loge aux Bouffons ou bien allait entendre Elleviou, la coqueluche de Paris, à moins qu'elle ne préférât applaudir Brunet dans *Ma Tante Urlurette.* — Un souper l'attendait au retour du théâtre ; quelques tables de jeu retenaient ses amis, et ce n'était pas avant une heure avancée de la nuit que la grande coquette de l'Empire s'abandonnait aux mains de ses femmes de chambre et se couchait exténuée dans sa fine toile de Hollande, la tête à demi cachée dans une jolie cornette ornée de dentelles, les mains revêtues de gants gras.

De 1805 à 1814, la mode varia à Paris de huitaine en huitaine ; les nuances de ces changements sont si délicates qu'il est presque impossible de les saisir ; les rédacteurs de journaux spéciaux, qui paraissaient alors tous les cinq jours, déclarent eux-mêmes ne pouvoir satisfaire à la curiosité de leurs lecteurs, si grande était la multiplicité des costumes. — Si nous nous plaçons néanmoins au milieu de l'année 1808, nous constatons, par un regard rétrospectif, que les cheveux bouclés artistement, ou *à la Ninon,* mais sans ornement, qui constituaient autrefois le négligé, sont devenus le *nec plus ultra* de la parure. Les plumes, qui étaient le symbole de l'éclat, du grand costume, de la cérémonie, ne sont guère admises que dans le plus grand négligé. La mode ne les tolère que sur un chapeau du matin, tombant avec abandon, flottant avec légèreté. Elles ne sont ni assez sévères ni assez pompeuses pour un habit d'étiquette ou de grand apparat. Les manches des robes se font bouffantes ; elles figurent l'embonpoint, qui est la beauté de la ligne du bras. Un caprice de la vogue inconstante, qui n'admettait pas, quelques années auparavant les plis inégaux, a réglé que les manches d'une élégante seraient plissées comme le jabot d'un petit-maître. On ne doit plus dire en 1808, remarque un observateur : « comme je suis bien mise », ou encore : « comme madame une telle est bien habillée », mais seulement soupirer : *Comme je suis bien drapée !... Dieu ! que madame X... se dessine bien !*

On commence à proclamer que plus une femme est jolie, moins elle a besoin d'ornements, que sa mise doit être simple, quoique élégante, et que la perfection de la parure consiste dans la sobriété des passementeries, dans le goût et la grâce et non pas dans la singularité de la mise, dans la nouveauté des costumes, dans la richesse des étoffes, ni enfin dans le luxe inutile et ruineux des bijoux. On se persuade dans le monde que la vanité est presque toujours la compagne du mauvais goût. Le fichu à la mode doit dissimuler la gorge et faire ressortir les épaules ; on ne noue plus son mouchoir pour en faire une bourse, mais on met son argent dans une résille d'or qu'on attache à sa ceinture. Les robes à pluie d'or et d'argent, qui faisaient *florès* dans les premiers temps du règne, ne sont plus considérées comme de bon genre ; mais un voile, un schall à lames d'argent sont regardés comme du meilleur ton, soit pour figurer dans un bal, soit pour briller aux spectacles. Les dames dansent le *Bolero* ou la *Chica*, et bien qu'elles aiment le plaisir à la folie, elles prétendent d'un air fatigué et navrant que tout est ennuyeux, fade et mourant dans les distractions du dehors.

Dans les beaux jours, tout Paris est à la promenade ; les rentiers prennent le frais vers les boulevards du Marais ; les auteurs vont bouquiner sur les quais ; les mères de famille promènent leurs nourrissons vis-à-vis le Panorama ou sur le boulevard Montmartre ; les élégantes, qui tiennent à étaler leurs riches équipages et leurs modes nouvelles, vont au Bois de Boulogne ; les femmes plus modestes, qui se contentent de faire admirer leurs charmes, vont à la terrasse des Feuillants et aux Champs-Élysées ; là, regardées tour à tour par les jeunes gens à cheval et par les piétons, elles ont le plaisir de se moquer des belles qui vont au Bois. — On s'étouffe à Coblentz pour regarder le beau sexe assis de chaque côté du boulevard ; depuis Tivoli jusqu'au Colysée, depuis le Colysée jusqu'au jardin Turc, on n'aperçoit que des parures bourgeoises, des grisettes de tous les quartiers ; aux Champs-Élysées, offi-

11

ciers et jeunes mondains à cheval, matadors en carrick,
luttent de vitesse et de noble allure, tandis que les financiers se prélassent au fond de leur berline fermée et que
les jolies femmes sourient dans leur calèche découverte ou
leur *demi-fortune*..

L'heure des *agréables* au Bois de Boulogne est, en 1807,
de midi à trois heures. Il fut un instant de mode d'aller
prendre des glaces au café de Foy, mais le
bon ton veut alors qu'on les fasse apporter
chez soi. Ces glaces se servent, été comme
hiver, à déjeuner, à dîner, à souper, à toute
heure. Comme spectacle, on ne saurait se
passer d'aller voir Olivier et l'incomparable
Ravel, les deux faiseurs de tours à la mode.
On applaudit Talma aux Français, Mme Henry
à l'Opéra-Comique ; le vaudeville est négligé ; on court en foule aux répétitions de
l'Opéra ; on se montre avec orgueil dans les
loges aux représentations du vendredi ; on
déclare passer des heures *divines* à l'Académie des arts, et pour se donner un instant
de folie, on se rend *incognito* chez Brunet.

Dans les cercles, le soir, on réunit une foule de gens
de tout âge, beaucoup d'hommes et peu de femmes ; plus
la foule est grande, plus la réunion est considérée comme
brillante ; les étrangers sont bien accueillis et fêtés, on se
promène ; les conversations sont particulières ; il n'y a que
les traits d'esprit ou les calembours qui, pour un instant,
se colportent et généralisent le rire. Le *fin du fin* de la
galanterie d'alors est de négliger toutes les femmes d'un
salon pour se ranger autour de la plus belle, en la regardant avec insistance, en l'entourant, en discourant sur ses
appas, en la poussant et la pressant de manière à lui faire

perdre haleine. — L'heure de la *gavotte* arrive ; on crie :
bravo ! on applaudit à l'avance. Zéphyr s'élance, il va
prendre par la main la maîtresse de la maison ; un piano
est disposé ; tout le monde se range en cercle, on monte
sur les chaises, les entrechats excitent l'enthousiasme. La
belle, fatiguée, heureuse, souriant à tous, va prendre un
instant de repos sur son lit à la grecque pendant que le
danseur suprême reçoit les compliments de
la plupart des jeunes gens qui demeurent
ébahis. On murmure, on s'extasie : « Que
vous avez bien dansé ! quelle légèreté !
quelle grâce !... » et lui, s'éventant de son
mouchoir, répond avec importance comme
un muscadin d'autrefois : « Il est vrai que
j'ai eu *quelques pas d'inspiration,* mais ce
n'est pas tout à fait cela... *Je n'ai fait
que chiffonner la gavotte.* »

Que de jolis tableaux de Paris il y aurait à faire sur le monde et les mœurs de
l'Empire, qui ont été trop peu étudiés par
les écrivains de cette fin de siècle ! De la
rue au salon, du théâtre au cabaret, de la
femme de Cour à la grisette, du vieux grognard au chau-
vin civil, on aurait à analyser d'innombrables originaux,
des traits de caractère incroyables. La postérité aime à
suivre Napoléon sur tous les champs de bataille de l'Europe, les historiens ont marché sur les traces de nos drapeaux victorieux ; mais nous avons trop négligé de regarder au cœur de la France pendant ces années de gloire,
nous n'avons pas assez *chiffonné* la gavotte parisienne,
pas assez vu l'esprit, les modes et les mœurs de la nation
depuis le Consulat jusqu'au retour des Bourbons. Le
moment serait venu de faire vivre ce tableau.

✲

Un mari échaudé, devenu économiste, fit circuler vers 1807 un paradoxal *état de la dépense annuelle d'une petite-maîtresse de Paris,* d'après ses notes de ménage. Nous le reproduisons ici sans y rien changer, comme document comico-sérieux. Le voici :

Trois cent soixante-cinq bonnets, capotes ou chapeaux.	10.000 fr.
Deux schalls de kachemire	1.200 »
Six cents robes	25.000 »
Trois cent soixante-cinq paires de souliers.	600 »
Deux cent cinquante paires de bas blancs, autant de couleur	3.000 »
Douze chemises	300 »
Rouge et blanc	300 »
Deux voiles.	4.800 »
Corsets élastiques, perruques, ridicules, ombrelles, éventails, etc.	6.000
Essences, parfums et autres drogues pour paraître jeune et jolie	1.200 »
Bijoux et autres bagatelles	10.000 »
Meubles grecs, romains, étrusques, turcs, arabes, chinois, persans, égyptiens, anglais et gothiques . . .	50.000 »
Six chevaux de selle, deux de main.	10.000 »
Voitures française, anglaise, espagnole, etc.	25.000 »
Maître de danse.	5.000 »
Maître de français.	300 »
Un lit	20.000 »
Articles dans les journaux, loges aux spectacles, concerts, etc.	30.000 »
Œuvres de bienfaisance et de charité.	100 »
TOTAL.	190.000 fr.

Ajoutez à cela le train de maison, les gens et la table, les cadeaux extraordinaires, les billets de loterie, les pertes à la bouillotte, et l'on arrive à plus de cent mille écus, chiffre respectable, même de nos jours, pour les gentils menus frais d'une grande coquette.

Les schalls étaient toujours le fond de la toilette d'une femme ; ils étaient chers et recherchés, moins rares cependant que sous le Directoire. Dans l'origine, les kachemires étaient une chose extraordinaire et un objet d'envie ; peu à peu ils se répandirent universellement dans le royaume de la mode et servirent à mille usages comme turbans, redingotes, robes, et même s'utilisèrent dans la décoration mobilière. Ces schalls d'Orient apportaient la couleur et un chatoyant effet de draperie dans les spectacles lorsqu'ils tombaient avec négligence sur le devant d'une loge ; les élégantes gracieuses en tiraient tous les partis possibles, soit dans la danse antique, soit à la promenade ou encore au sortir du théâtre : elles le drapaient habilement sur la tête, sinon le roulaient sur les seins, en comprimant d'un délicieux mouvement de mains leur gorge haletante et frileuse.

Le schall de kachemire jouait un rôle considérable dans la haute et riche société parisienne.

« C'est sur le point de la parure et des modes que les Françaises sont sujettes à faillir et perdent tout ce que leur caractère a d'intéressant, tout ce que leur conduite a de respectable, écrivait lady Morgan dans son livre sur *la France*. C'est là que finit l'économie et que commence une extravagance qui ne connaît point de bornes. Le mérite du *divin* kachemire et du joli mouchoir de poche brodé succède en un instant aux discussions financières et aux arguments politiques : — « Et combien de kachemires avez-« vous, ma chère ? » est une question que les belles pupilles

de ces grands vizirs de *femmes d'État,* MM. de Chateaubriand et Fiévée, font avec le plus d'importance et traitent
avec plus de gravité que s'il s'agissait des nouveaux traités
politiques de leurs maîtres.

« Cette élégante production de l'industrie indienne est
un objet indispensable pour toutes les Françaises, et elles
y attachent tant de prix qu'on serait tenté de croire qu'il
existe un charme magique dans son tissu.
Je n'oublierai jamais, poursuit l'ancienne
miss Owenson, le sentiment mêlé de com-
passion et de surprise que je causai à une
de mes amies de France quand je l'assu-
rai que je n'avais jamais eu qu'un seul
kachemire.

« — Ah, mon Dieu ! s'écria-t-elle, mais
« c'est inconcevable ! Ma belle, il faut en
« acheter un avec ce que vous produira
« votre premier ouvrage..., un kachemire,
« c'est une terre, n'est-ce pas ? »

Ce que n'ajoute pas suffisamment lady
Morgan, ce qu'elle ne pouvait comprendre
en sa qualité d'Anglaise, c'est qu'un kachemire était considéré comme un héritage à transmettre
dans sa famille. « C'est un meuble », disait-on, et, de
fait, ces kachemires de nos aïeules se sont transmis de
génération en génération, et souvent il nous est encore
donné d'en contempler quelques-uns au fond de certaines vieilles armoires respectables de province, ayant
conservé une finesse merveilleuse de tissu et comme une
étonnante coloration d'ancien vitrail.

Le carrick de drap et le witzchoura à capuchon exclu-
rent le schall de la mode dans les dernières années de
l'Empire; le witzchoura, vêtement disgracieux qui cachait

la taille, ne convenait ni aux femmes trop petites, ni à celles chargées d'embonpoint ; les fourreurs seuls le firent valoir et débitèrent ce vêtement à un prix exorbitant. Les fourrures et principalement l'hermine se portèrent avec profusion de 1810 à 1814 ; on ne voyait que douillettes d'hermine, witzchouras, spencers, redingotes, manchons d'hermine ; les femmes se couvraient autant qu'elles s'étaient découvertes. Costumes charmants, au reste, et que les gravures de La Mesangère ont reproduits comme des merveilles de goût et d'élégance.

Ces modes de l'Empire, il faudrait nous y attarder, regarder un à un ces charmants habillements qui durant dix ans varièrent tant de fois, dans des dispo-sitions si souvent heureuses que nous au-rions à décrire plus de mille costumes divers, sans donner encore une idée com-plète de ces fantaisies exquises. Il nous faudrait examiner l'influence qu'eut Ma-rie-Louise sur les habillements féminins après le second mariage de Napoléon, et comment celui-ci sut maintenir la suprématie de la toi-lette française. Mais ces études et ces considérations de futile apparence nous entraîneraient au delà des bornes prescrites, dans des descriptions minutieuses, qu'il serait nécessaire d'égayer de planches en couleur indispensables à la compréhension du texte. Ces modes insaisissables et charmantes, il faudrait une plume d'aile de papillon pour en détailler les charmes et l'inconstance ; et puis, il faut bien le dire, le style aussi a un sexe, et ce serait à une femme qu'il conviendrait de broder la fantaisie sur ce sujet si fugi-tif, qui est inséparable de l'art de plaire. — Consolons-

nous de cet à peu près qui est encore le résumé le plus
complet qui ait été écrit sur le sujet. — La Bruyère ne
disait-il pas déjà, en 1680 : « Une mode a détruit à peine
une autre mode, qu'elle est abolie par une plus nouvelle,
qui cède elle-même à celle qui la suit et qui ne sera pas
la dernière... Telle est notre légèreté ! »

Les modes du premier Empire, on peut déjà s'en con-
vaincre, auront été les plus exquises de ce siècle ; jamais
nous n'en verrons de plus variées, de plus ingénieuses et
de moins banales ; c'est un plaisir infini de regarder ces
innombrables costumes, tous dessinés par Vernet, qui en
a fait des chefs-d'œuvre. Les femmes, dans les modes
d'alors, s'enveloppèrent de grâce, et nous éprouvons encore
leur attirance, leur troublante séduction sous ces costumes souples, légers, douillets que portèrent les amazones
de l'amour de ces années héroïques et glorieuses.

CHAPITRE IV

_____

LE GOÛT

LES SALONS ET LES MODES

SOUS LA RESTAURATION

CHAPITRE IV

LE GOÛT, LES SALONS ET LES MODES
SOUS LA RESTAURATION

Revue du Bon Ton de 1815 à 1825

L E retour au blanc complet, à l'éclat nei-
geux des mousselines claires, marqua
surtout, dans l'accoutrement des femmes, le
retour des Bourbons. Fleurs de lis, écharpes
et cocardes blanches, chapeaux à *la
Henri IV* munis de panaches blancs,
robes et pardessus de perkale, rubans
de soie écrue, capotes de crêpe blanc
bouillonné, guirlandes de lis dans la
chevelure, tels étaient, au milieu de
l'année 1814, les principales dis-
tinctions du costume féminin. Peu
de bijoux, sauf une bague qui se répandit vivement en
raison de son allégorie; c'était un câble d'or avec trois

fleurs de lis de même métal, portant cette devise en
émail blanc : *Dieu nous les rend.* La présence des troupes
alliées mit en vogue des accoutrements anglais, russes et
polonais, sans que le patriotisme songeât à protester. On
fabriquait d'innombrables chapeaux *à l'Anglaise,* lourdes
et massives capotes gaufrées, tuyautées, plissées, disgracieuses au possible; des toques *à la Russe,* à large assiette
et à petite visière ; des casques d'étoffe ornés
de plumes de coq blanches, tels qu'on en
voyait aux officiers alliés; quelques rares turbans de kachemire blanc; le tout orné de
lilas blanc ou de jacinthes roses; des robes
courtes, des écharpes en sautoir, des toques
à l'Écossaise eurent quelques mois de
succès. — Le drapeau blanc qui flottait sur
les Tuileries semblait donner le ton de la
toilette.

On voyait dans tout Paris des robes de
levantine rose tendre et des tuniques de mé-
rinos blanc; quelques-unes étaient faites en
forme de pelisse et n'avaient point de ceinture ;
les deux pans flottaient écartés l'un de l'autre.
Les robes, dites à la vierge,¶ formant demi-guimpe,
montaient jusqu'au menton ; les robes blanches, rayées,
à petits carreaux bleus ou roses, se multipliaient ; les
volants de ces robes étaient tout blancs, mais il était
de rigueur qu'il y eût des festons de la couleur des raies,
et feston sur feston. Les beaux schalls de kachemire, de
belle qualité, avec larges palmes et brillantes couleurs,
n'étaient point détrônés par les redingotes à trois collets
ou les pelisses; on convenait que rien ne dessinait mieux
les épaules et ne drapait plus mollement une femme élégante. Terneaux et Courtois étaient les marchands favo-

ris; on se précipitait chez eux lorsque courait le bruit d'un arrivage des Indes. Les petites bourgeoises, qui ne pouvaient s'offrir le luxe d'un kachemire, achetaient volontiers des schalls de bourre de soie, qu'on fabriquait également de couleurs vives et tranchantes, avec palmes et larges bordures. Les écharpes rayées en tricot de soie, qu'on appelait d'abord *écharpes circassiennes*, étaient alors connues sous le nom d'*écharpes d'Iris;* on savait les porter avec grâce et langueur.

« Partout, le besoin des habillements riches se manifestait, écrit M. Augustin Challamel dans son *Histoire de la Mode* si incomplète[1]. Autour de Louis XVIII et du comte d'Artois se groupaient des royalistes exaltés. Les appartements des Tuileries ne désemplissaient pas. Dans les hôtels du faubourg Saint-Germain, on ne rêvait que soirées, concerts ou bals. Un grand mouvement s'opéra dans le commerce, ce fut l'excuse de chacun.

« Paris compta bientôt quatre tailleurs pour dames fort renommés, treize modistes possédant une nombreuse clientèle, sept remarquables fleuristes, trois couturières en corsets très recherchées et huit bons cordonniers pour chausser exclusivement les femmes.

« Dans les bals officiels ou privés, ordinairement paraissaient les robes blanches avec des garnitures de fleurs au bas. Les danseuses mettaient des fleurs dans leurs cheveux, plus souvent des roses. On vit les robes à

1. *Histoire de la mode en France,* depuis l'époque gallo-romaine jusqu'à nos jours. In-8°, Hennuyer, 1881.

l'Écossaise, les robes à l'*indolente,* les robes garnies de
chinchilla... Les accessoires variaient beaucoup. Ici, les
manches étaient bouffantes et rehaussées de plusieurs
rangs de « ruches », là elles formaient l'entonnoir, c'est-à-
dire qu'elles avaient une certaine ampleur aux épaules et
qu'elles s'en allaient s'aplatissant peu à peu jusqu'au poignet, où elles étaient fermées hermétiquement par un

ruban, de manière à être terminées par un gant de peau de
diverses couleurs.

« Les dames se décolletaient, se mettaient un collier
de perles ou de grenat; celles qui adoptaient les manches
courtes ne manquaient pas d'adopter aussi les gants longs,
ce qui composait un gracieux costume. Elles avaient des
toques brodées, garnies en perles, ornées d'une guirlande
de marabout; les gants longs coûtaient très cher, mais
aucune coquette n'eût hésité à en changer chaque jour,
car ils devaient avoir la plus grande fraîcheur. Beaucoup
étaient de couleur chamois.

« Bijoux précieux, diamants, saphirs et rubis, fleurs
en gerbes et en semis, ceintures larges et d'éclatante couleur, éventails de prix, réticules brodés ou passementés,
voilà ce qui complétait la toilette, voilà ce qui lui donnait

du caractère ou de la valeur. Les femmes nouaient en cravate des sautoirs, et les jeunes filles portaient des tabliers-
robes tout blancs. »

La chevelure était disposée en petites boucles presque
collées sur le front et aux tempes et formant, vers la
nuque, des coques fort peu apparentes. Presque toujours
des fleurs artificielles s'y voyaient, mais cependant, il faut
le dire, en très petite quantité.

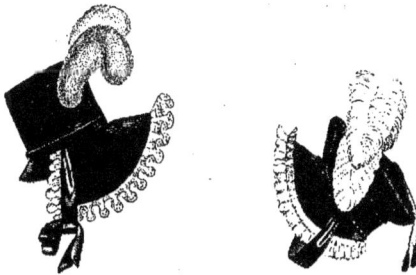

La grande préoccupation des élégantes de la Restauration semble avoir été pour la coiffure et principalement
pour la variation des chapeaux; de 1815 à 1830, on
compterait aisément plus de dix mille formes de chapeaux
et de bonnets; les journaux de mode négligent même la
description des robes et manteaux pour se donner exclusivement à l'art des coiffures, chapeaux de paille d'Italie,
capotes de peluche de soie, casques de velours à panaches,
chapeaux de gros de Naples ou de crêpe bouillonné,
capotes de perkale, turbans de mousseline, toques *à la
Polonaise*, casquettes *à l'Autrichienne*, turbans *moabites*,
feutres *à la Ourika*, cornettes de mousseline blanche, de
velours noir bordé de tulle, c'était une confusion à en
perdre la tête avant de la coiffer. — Et quels chapeaux!

Qu'on se figure des toques de juges disproportionnées comme élévation, avec d'incroyables auvents semblables aux maisons fantastiques du moyen âge; qu'on se rappelle les schakos impossibles des fantassins de la Grande Armée et qu'on ajoute à ces meubles pesants des capotes non moins élevées que profondes, qu'on songe en outre à des moules à tourtes du pays de Gargantua et l'on aura un vague aperçu de ces coiffures massives, chargées de rubans, de fleurs, de cocardes, de torsades, de bourrelets, de nœuds de satin, de ruches, d'aigrettes et de plumes; ce sont là des chapeaux de guerrières, des bassinets, des cervelières, des heaumes prodigieux, des morions abracadabrants, en un mot des casques avec jugulaire, lambrequin et ventail; mais on a peine à croire que d'aussi bizarres couvre-chefs aient pu jamais protéger le visage rieur et gracieux de nos aïeules parisiennes.

La taille des robes s'allongea progressivement; vers 1822, on était revenu à la taille normale qui ne coupait plus la poitrine en deux et laissait à la gorge plus de liberté; on reforma aussi par la logique l'art des couturières et aussi des tailleurs. On porta également des robes-blouses en mousseline des Indes qui avaient au bas cinq rangées de broderies en fleurs d'arbre de Judée et quatre biais; des robes en crêpe Élodie, rose, bleu ou réséda avec bouillons de la même étoffe. — Le génie des modistes, qui avait épuisé toutes les poses des entre-deux, des crevés, des volants, des plissés et des roulés, revint à une expression plus simple dans les garnitures; de modestes galons de soie ou de couleur ornèrent le bas des jupes. Le *canezou,*

l'antique canezou des héroïnes de Paul de Kock, succéda
au spencer; les jolis canezous seyaient fort bien aux jeunes
demoiselles, avantageaient leur taille en lui donnant une
souplesse et une grâce infinies. — Le corset reprit faveur et
sa confection, jusqu'alors primitive, devint un art véritable
qui ne comptait pas beaucoup de maîtres. Un bon corset
de chez Lacroix ne se vendait pas couramment moins de
cinq louis, et encore cet excellent faiseur ne
pouvait suffire aux demandes. Ces corsets
étaient en deux parties; on y ajoutait un petit
coussin en satin blanc qui, s'attachant par derrière, à la façon de nos tournures, donnait à la
taille plus de cambrure en aidant au maintien
de la jupe. Quelques corsets à élastiques, par
un procédé ingénieux, se laçaient et se déla-
çaient d'eux-mêmes. Un busc d'acier, bien
que signalé comme dangereux par les médecins, servait le plus souvent à agrafer le
corset sur la poitrine.

    On vit bientôt disparaître ces gra-
cieuses épaulettes qui formaient la demi-
manche des robes, et presque aussitôt
apparurent successivement les manches bouffantes, manches *à gigot, à béret, à la folle, à l'éléphant,* qui nous
ramenaient à la Renaissance, aux corsages outrant la
largeur d'épaule et aux tailles *guêpées.* — Durant l'hiver,
on portait d'énormes manchons de renard, de chinchilla,
ainsi que des *boas* de fourrure et de plumes frisées qui
s'enroulaient sur le torse, se nouaient au cou, tombaient
à l'aventure et donnaient aux femmes ainsi enlacées un
air provocant d'Ève en conversation criminelle avec le
serpent de l'Écriture sainte. Beaucoup de mitaines et de
palatines de duvet de cygne pour les courses au dehors.

13

La duchesse de Berry avait vainement essayé de porter le sceptre de la mode; mais elle n'eut jamais la moindre influence sur les costumes de la Restauration... et cela se conçoit; son physique n'avait rien de la Psyché.

La littérature et surtout les romans en vogue servirent à trouver des épithètes aux étoffes, aux couleurs, aux variétés de la mode, ainsi que les pièces à succès, les événements marquants et aussi les divers animaux exotiques que l'on commençait à amener au *Jardin du Roi*. Le vicomte d'Arlincourt devint, grâce à son roman sentimental, le parrain des turbans à *l'Ipsiboé;* Mme de Duras, par son conte émouvant de *Ourika*, baptisa, sans s'en douter, robes, bonnets, schalls et presque tous les chiffons du moment. On vit des fichus à *la Dame blanche,* des rubans *Trocadero* qui évoquaient le souvenir du voyage du duc d'Angoulême « tra los montes », des chapeaux à *l'Emma*, des toques à *la Marie Stuart*, des coiffures à *la Sultane,* à *l'Édith,* à *la Sévigné,* des étoffes *Élodie*, des cols *Atala,* sans compter les noms extraordinaires que l'on ne craignit pas, par genre, de donner à certaines nuances d'étoffe vers 1825. Nous ne parlons pas seulement des couleurs *eau du Nil, roseau, solitaire, graine de réséda, bronze, fumée de Navarin, peau de serpent, brique cuite, jaune vapeur* ou *lave du Vésuve;* mais que dira-t-on des nuances *souris effrayée, crapaud amoureux, puce rêveuse* et surtout... *araignée méditant un crime?*

En 1827, le pacha d'Égypte envoya à Charles X une superbe girafe qui fit l'admiration de tout Paris; c'était la première qu'on voyait en France; la mode voulut consacrer cet événement; en quelques jours tout fut *à la Girafe,* chapeaux, ajustements, ceintures, coiffures d'hommes et de femmes. C'était le pendant des modes *au dernier soupir de Jocko* qui suivirent le décès d'un chimpanzé qui avait recueilli toutes les sympathies parisiennes, non moins que dernièrement à Londres le célèbre éléphant Jumbo auquel des Anglaises excentriques envoyèrent des cadeaux : fruits, bonbons, petits fours et jusqu'à des bouquets de fleurs.

La coiffure se modifia plusieurs fois sous la Restauration ; en 1828, on portait les cheveux nattés disposés en forme de coques, semblables à des pièces montées. M. Hippolyte, le coiffeur habile du temps, qui s'intitulait fièrement perruquier de la Cour, s'ingéniait à faire des boucles ultra-invraisemblables, archi-tourmentées comme la fameuse signature de Joseph Prud'homme. Ces paraphes de cheveux étaient entremêlés de fleurs, de perles, de bijoux en cordons ; il ne manquait sur le sommet qu'un petit amour en sucre, tremblotant sur son fil d'archal, tant ces édifices singuliers ressemblaient aux chefs-d'œuvre de la confiserie maniérée. A défaut d'amour, on piquait dans ces merveilles du peigne une variété de plumes frisées « de l'invention de M. Plaisir ».

Mais arrêtons-nous, par sagesse, dans ces descriptions sommaires des costumes de la Restauration. — La mode est fille de Protée ; il est impossible de la fixer ni de la pourtraire. Nos vignettes seront plus éloquentes que nos phrases.

La France avait accepté le retour des Bourbons comme une garantie de repos et de reprise des affaires. Le nouveau gouvernement répondait à ses besoins du moment ; les industriels, les orateurs, les écrivains allaient succéder aux grands généraux ; Bonaparte avait voulu faire d'elle une grande nation ; les royalistes, moins ambitieux, plus calmes, ne rêvaient que de créer une grande famille française sous l'autorité paisible et paterne d'un monarque légitime. La société accueillit le Roi non pas

comme un sauveur, mais comme un simple tuteur, sans
aucune idolâtrie, mais avec un rare sentiment de conve-
nance et de bon goût. Napoléon avait été en quelque sorte
l'amant privilégié de la nation, son héros chéri, son Dieu;
pour lui, elle avait donné son sang, son or, ses enthou-
siasmes; à l'heure où ses illusions firent banqueroute, elle
accepta Louis XVIII comme un sage protecteur qui, à
défaut de jeunesse, de bravoure et de galante
allure, lui apportait la vague assurance d'une
vie sans chaos et comme un parfum réconfor-
tant de la poule au pot de son aïeul.

Le nouveau gouvernement eut donc à son
début une lune de miel relative après l'interrègne des Cent-Jours. Le peuple de toutes
parts s'enthousiasmait en apparence sur
l'air de *Vive Henri IV!* ou de *Charmante
Gabrielle;* mais, au fond du cœur des
gouvernés et du gouvernant, il existait un
sentiment de mutuelle défiance. Moins sur-
mené par la conquête, le pays se recueillit,
la culture des lettres et des arts fit refleu-
rir partout notre ancienne suprématie
intellectuelle et cette politesse précieuse que la Révolution nous avait quelque peu désapprise. De la licence
du Directoire, qui s'était transformée sous l'Empire en
une décence obtenue par ordre, on passa à une sorte de
pruderie aussi bien dans le costume que dans les idées;
chacun demeura sur son *quant à soi* avec dignité, on
rechercha le correct, l'absolu bon ton, le *comme il faut,* la
suprême distinction dans des notes discrètes et sobres; on
se garda de l'éclat et du faux décorum; la somptueuse
pompe impériale fit place à la simplicité.

Les femmes comme toujours furent les grandes insti-

gatrices de ce mouvement heureux. On peut dire que dans
les salons de la Restauration naquit un nouveau règne de
femmes qui ne recevaient que des hommages respectueux
et de délicates attentions; le pouvoir, parfois odieusement
despotique, des traîneurs de sabre s'évanouit pour laisser
paraître l'influence bienfaisante des hommes d'esprit et de
talent, dont la retenue et l'agréable conversation étaient considérées comme autant de
titres à l'estime et à la gloire.

« Les femmes spirituelles, d'une certaine
beauté, d'un certain relief aristocratique,
d'une élégance nouvelle et d'une simplicité à laquelle, pourtant, il n'aurait pas
trop fallu se laisser prendre, brillaient dans
tous les salons, raconte le docteur Véron [1].
Lamartine est venu; la femme politique, la
femme poétique et littéraire ont le beau du
jeu. Il faudrait faire revivre les diverses
classes, les diverses opinions de la société
d'alors, pour rendre convenablement justice à
tout ce qui s'y rencontrait de femmes
distinguées ayant leur cercle, leur
monde, leur sceptre respecté, et luttant entre elles de
charme, d'esprit et d'émulation.

« Après les salons en renom de Mme de Montcalm, de
Mme de Duras et de quelques autres que M. Villemain a
décrits avec de profonds regrets pour le temps passé, on
citait tout un jeune monde qui, s'épanouissant sous la
Restauration, en reproduisait les principaux traits, par une
physionomie poétique, par une mélancolie gracieuse et par
une philosophie chrétienne.

1. *Mémoires d'un bourgeois de Paris,* Paris, 1857, t. V, chap. VII.

« Qui n'a vu, à quelque bal de Madame, duchesse de
Berry, se glisser légère, touchant le parquet à peine, si
mouvante qu'on n'apercevait en elle qu'une grâce avant
de savoir si c'était une beauté, une jeune femme à la
chevelure blonde et hardiment dorée; qui n'a vu apparaître
alors la jeune marquise de Castries dans une fête, ne peut
sans doute se faire une idée de cette nouvelle beauté,
charmante, aérienne, applaudie et honorée dans les salons
de la Restauration? La société d'alors, qu'avait émue et
attendrie la vaporeuse *Elvire* des *Méditations,* vivait
moins terrestre et moins païenne dans ses goûts et dans
ses extases que ne l'avait été l'Empire. Cependant l'imposante beauté était encore dignement représentée, avec je
ne sais quel éclat d'élégance puisé dans le sang et dans
la naissance, par la duchesse de Guiche (depuis duchesse
de Grammont). — ... Les hommes politiques étaient alors
ménagés et, pour ainsi dire, présidés, dans les salons de
Mme de Sainte-Aulaire et par la jeune duchesse de Broglie.
On remarquait dans ces personnes distinguées un séduisant accord d'esprit, de pensées, de sentiments élevés et
religieux, compatibles avec toutes les attentions et toutes
les insinuations politiques et mondaines. »

Les femmes élégantes qui voulaient se donner du
genre et de l'importance suivaient les curieuses séances
de la Chambre des Députés. Chaque femme du monde
avait son orateur favori, de même que chaque ministre
passait pour avoir son Égérie au faubourg Saint-Germain.
M. de Martignac faisait des chambrées de ténor au Palais
législatif, grâce à son éloquence facile et spirituelle et à la
beauté de son organe; la très charmante princesse de
Bagration guidait toute une petite cour d'amies exubé-
rantes dans le dédale touffu de sa politique.

Dans cette nouvelle société d'une politesse affinée et

d'un esprit chevaleresque, l'intelligence humaine surtout
respirait largement, les questions de littérature et d'art
primaient toutes choses et passionnaient les Académies et
les salons. — Dans le milieu de Mme de Duras, qui était
revenue en France pour faire l'éducation de ses deux filles
Félicie et Clara, tous les jeunes poètes et romanciers de
la nouvelle génération étaient accueillis avec une grande
cordialité, qui les mettait à l'aise, et avec
une noblesse douce et courtoise qui formait la caractéristique de cette femme
supérieure. Ce fut l'auteur d'*Édouard* et
d'*Ourika* qui prit Chateaubriand sous sa
protection et lui fit accorder, par l'entre-
mise de M. de Blacas, l'ambassade de
Suède. Mme Récamier, retour d'Italie,
s'était également réinstallée à Paris au
début de la Restauration et elle ouvrait
ou plutôt entr'ouvrait son nouveau salon
de la rue du Mont-Blanc.

Parmi les maisons les plus fréquen-
tées, on citait celle de Mme Ripert, dont
le mari était, en compagnie de Michaud,
le rédacteur de *la Quotidienne*. La société
royaliste la plus outrée se donnait rendez-vous chez
Mme Ripert, femme enthousiaste, mobile, capricieuse, qui
passait en un instant de la joie à la tristesse, du sang-
froid à la colère, de l'audace à la peur, et qui, en dépit de
son amour ardent pour les Bourbons, s'était faite consti-
tutionnelle par pur esprit de contradiction. On voyait
chez elle M. Fievée qui était l'ornement de son cercle, dont
on citait complaisamment les *ana;* MM. Pigeon et Mis-
sonnier, rédacteurs appréciés de *la Quotidienne,* le vieux
général Anselme, le comte du Boutet, militaire aimable,

et enfin M. de Valmalette, le La Fontaine fabuliste de la
Restauration, assistaient régulièrement aux soirées brillantes de Mme Ripert.

D'autres salons où l'on portait très haut l'art de prodiguer l'esprit et d'agrémenter la causerie, où le cœur
battait d'enthousiasme aux nobles dissertations de l'intelligence, où enfin le culte du beau avait de nombreux des-
servants, étaient ceux de la comtesse Baraguay
d'Hilliers, du comte de Chabrol, préfet de
Paris, de Mme la comtesse de Lacretelle,
de Mme Auger, femme du secrétaire perpétuel de l'Académie française, de M. Cam-
penon et surtout de Mme Virginie Ancelot,
dont la maison était pour quelques-uns une
sorte d'antichambre familière qui donnait accès
à l'Académie.

On était assuré de trouver chez l'excellente
Mme Ancelot, qui écrivit plus tard sur ces
foyers d'esprits alors éteints un petit ouvrage
des plus intéressants, la plupart des personnages marquants de Paris. Là, venaient
avec fidélité Perceval de Grandmaison, le
tragique ; Guiraud, Soumet, le comte
Alfred de Vigny, Saintine, Victor Hugo, *l'enfant sublime;*
Ancelot, Lacretelle, Lemontey, Baour-Lormian, Casimir
Bonjour, Édouard Mennechet, Émile Deschamps, de
Laville de Miremont, auteur de comédies en vers, le
comte de Rességuier, Michel Beer, le frère de Meyer Beer;
Armand Malitourne ainsi que de nombreux peintres et
musiciens. Mme Sophie Gay, qui tenait elle-même un petit
salon, où l'on ne jouait que trop par malheur, était assidue
à ces réunions ainsi que sa délicieuse fille Delphine, la
future auteur du *Lorgnon* et de *la Canne de M. de Balzac.*

Armand Malitourne a laissé de Mme Ancelot un portrait à la plume très fin et très sobrement dessiné, dont voici les principaux traits : « Virginie, dit-il, a la tête admirablement bien posée ; ses mouvements sont pleins de nonchalance et de grâce. Brune de cheveux, blanche de teint, elle abandonne à ses yeux tout l'honneur de sa figure, et ils suffiraient à sa beauté, modeste et timide. Elle laisse quelquefois tomber sur vous ses beaux yeux, dont l'expression est sérieuse et mélancolique, d'une manière si directe et si prolongée qu'une pareille attention vous inquiète et vous charme ; elle ne se doute pas de l'expression de ses longs regards ; ils sont, pour ainsi dire, absents de la personne qui les reçoit ; ce sont des éclairs de ce feu sacré qu'il faut lui reconnaître et des préoccupations de sa pensée. Un vif instinct d'observation cultivé par l'étude, une grande élévation d'idées fortifiées par l'épreuve de diverses fortunes, une certaine indifférence de cœur qui, certainement, n'est pas l'égoïsme, voilà les saillies bien prononcées de son caractère. »

« Elle peint et pourrait écrire, dit encore Malitourne ; ses ouvrages auraient, je crois, le mérite de ses tableaux, celui de l'imagination et de la vérité. »

Mme Ancelot a écrit et a obtenu des succès populaires ; dans son salon exclusivement lettré, elle excellait à débrouiller le jeu des caractères et l'intérêt des actions ; elle était charmante dans l'intimité, pleine de douceur, d'abandon, de bon sens et de gaieté ; les peintres Gérard,

14

Guérin, Gros, Girodet, les quatre G comme on les nommait, venaient fréquemment à ses réunions littéraires ; Laplace et Cuvier représentèrent parfois les sciences dans cette notable et incomparable assemblée.

La sœur du poète Vigée, Mme Lebrun, dont le talent considérable n'a fait que grandir avec la perspective du temps, et qui, malgré ses soixante-quatre ans, paraissait jeune en 1816, était revenue se fixer définitivement à Paris, après ses innombrables pérégrinations en Europe, et avait ouvert un salon qui se trouvait fréquenté par la société parisienne la plus choisie dans le monde des arts et des lettres.

L'ancienne amie de Rivarol, de Champcenetz et de Grimod de la Reynière peignait encore de lumineux portraits, et, passionnée pour la musique, faisait entendre chez elle les meilleurs virtuoses de tout Paris. Ses réunions avaient lieu chaque samedi, dans son grand appartement de la rue Saint-Lazare ou à Louveciennes, l'été, dans la délicieuse maison qu'elle y avait acquise. — On rencontrait chez Mme Lebrun tous les débris de l'ancienne cour, des survivants des derniers beaux jours de Versailles et quelques étrangers de distinction ; on essayait de faire revivre dans cette société bien disante les amusements d'autrefois : on jouait des proverbes, des charades, on s'égayait même aux petits jeux innocents ; mais l'atmosphère de la nouvelle époque, l'esprit philosophique et sentimental de la Restauration se prêtait malaisément à ces plaisirs naïfs et délassants. Les habitués les plus constants de ce salon étaient : le jeune marquis de Custine, le comte de Laugeron et le comte de Saint-Priest, retour de Russie, où ils avaient

pris du service pendant l'émigration; le baron Gérard, le
comte de Vaudreuil et le marquis de Rivière, la belle
Mme Grassini, déjà sur le retour, mais dont la voix de
contralto superbe avait conservé toute sa fraîcheur; le
comte de la Tour du Pin de la Charce, qui conservait
l'urbanité et les belles manières du siècle dernier, le type
même du grand seigneur élégant, et enfin le vieux marquis de Boufflers alors conservateur adjoint
à la bibliothèque Mazarine, gros, court, po-
dagre, mal vêtu et qui ne rappelait en rien
le sémillant poète-chevalier du XVIIIe siècle,
le galant auteur d'*Aline,* ni le tendre amoureux de Mme de Sabran.

Le salon du baron Gérard, qui possédait
rue Bonaparte, en face de l'église Saint-
Germain des Prés, une modeste petite maison, bâtie sur ses indications, était généralement très animé. Quatre petites pièces
composaient l'appartement de réception :
Mlle Godefroy, élève du grand artiste et
femme déjà âgée, faisait les honneurs
en compagnie de Mme Gérard. A minuit, selon la mode italienne, on
arrivait chez le peintre du *Sacré de Charles X.* Le thé
était servi et l'on passait quelques menus gâteaux. Gérard
causait avec cette verve spirituelle que tous ses contemporains se sont plu à lui reconnaître, sa femme s'atta-
blait à une féroce partie de whist, et l'intimité commençait entre le premier peintre du Roi et ses nombreux
invités. Le mercredi de chaque semaine, on était presque
assuré de rencontrer dans le salon de la rue Bonaparte,
Mlle Mars, Talma, Mme Ancelot, Mlle Delphine Gay, Mérimée, Jacquemont, le comte Lowœnhielm, le paradoxal

Henry Beyle, Eugène Delacroix et quelquefois Humboldt
et l'abbé de Pradt, le comte de Forbin et Pozzo di Borgo,
le comte de Saint-Aignan et le baron Desnoyers, Cuvier,
M. Heim et divers personnages aujourd'hui oubliés.

La maison de Gérard était simplement meublée et
sans aucun luxe; on voyait seulement aux murs quelques
tableaux et dessins du maître. L'originalité de son salon
était surtout dans l'entente, la cordialité, le
sans-gêne, la communion d'esprit des hommes
de talent qui s'y réunissaient uniquement pour
causer. Il fallait entendre les boutades de
Stendhal sur l'amour et les femmes,
et écouter les brillantes contradictions
de Mérimée; Delphine Gay, dans
l'éblouissante fraîcheur de sa première jeunesse,
récitait ses naïves invocations à la muse, tandis
que sa mère torturait les cartes avec fureur;
Cuvier et Gérard dissertaient sur l'anatomie
du corps humain, alors qu'Humboldt et
l'abbé de Pradt luttaient ardemment d'éloquence et d'érudition au milieu d'un cercle
de connaisseurs et d'admirateurs, qui ju-
geaient de l'excellence des arguments four-
nis. On se retirait sur le tôt, le plus souvent à l'aurore;
charmé de l'accueil qu'on avait reçu chez ce remarquable
artiste, ravi des nobles et belles idées qu'on y avait
entendu émettre, pénétré de ce plaisir rare que donne la
société d'esprits supérieurs.

On se réunissait souvent encore chez la duchesse
d'Abrantès, veuve de Junot, chez le savant Charles
Nodier qui ouvrait son salon comme une arène aux
romantiques et aux classiques; on allait s'égayer chez le
vicomte d'Arlincourt ou chez M. de Montyon, qui parais-

sait un vert galant, étant resté fidèle à la poudre et aux
costumes d'antan; on politiquait chez Mme de Boigne, qui
recevait deux fois la semaine, rue de Lille, une assemblée
triée sur le volet du faubourg Saint-Germain. D'autre
part, on s'égarait parfois dans la société
littéraire de Mme de Chastenay, où le vicomte
Alexis de Saint-Priest déclamait sans pitié
pour l'auditoire des tragédies sans fin et des
comédies sans commencement; on faisait visite
à Mme de Flahaut dans son hôtel des Champs-
Élysées, mais la plupart de ces derniers salons
inauguraient, à vrai dire, le règne de Louis-
Philippe, plutôt qu'ils ne terminaient celui
de Charles X. L'Histoire de la Société sous
la Restauration est encore à faire et le
sujet serait attrayant. Aussi bien en politique et en art qu'en littérature, on y
verrait naître, dans différents groupes,
toutes les sommités de ce XIXe siècle,
qui vit se former la plupart de ses grands esprits dans les
foyers brillants de cette belle période si fertile en génies.

La société parisienne sous la Restauration était divisée
par classes distinctes, dont chacune était cantonnée, con-
finée, pour ainsi dire, en ses quartiers. — Il y avait la
bonne compagnie du Marais, celle de la Chaussée-d'Antin
et celle du noble faubourg, sans compter les sociétés libres
d'artistes et de rapins qui demeuraient fermement les
intransigeants de la République des convenances. Entrons
à la suite d'un contemporain, M. Antoine Caillot, dans un
salon du faubourg Saint-Germain : « Devant un grand

feu sont assis en demi-cercle, sur de larges fauteuils de tapisserie ou de damas cramoisi, à pieds et à contours dorés, deux pairs de France, deux députés du côté droit, un officier général, un évêque, un abbé décoré, deux douairières. Ces graves personnages s'entretiennent du temps passé en le comparant avec celui qui court. Les deux vieilles duchesses ou marquises ne trouvent rien d'aussi ridicule que les pantalons ou les cheveux à la Titus, et cependant les deux pairs, les trois députés et le lieutenant général des armées du Roi portent des pantalons et ont les cheveux coupés. L'une de nos douairières ne se rappelle plus qu'au temps jadis elle ne pouvait entendre prononcer le nom de culotte, et qu'elle criait *fi donc!* en détournant la tête lorsque ses regards étaient tombés sur des hauts-de-chausses trop étroits.

« Nous passons dans une salle voisine et nous y trouvons deux vieillards, chevaliers de Saint-Louis, de l'ordre de Malte et de la Légion d'honneur, qui s'escriment au tric-trac; à six pas d'eux, un garde du corps et un lieutenant de la garde royale jouent à l'écarté avec deux jeunes comtesses ou baronnes. La maîtresse de la maison fait sa partie de piquet à écrire avec un aumônier du Roi. Il arrive de temps en temps que de ce salon s'échappe une nouvelle, vraie ou fausse, qui, les jours suivants, donnera de la tablature aux habitués de la Bourse et aux journalistes[1]. »

De l'aristocratie nobiliaire si nous sautons à l'aristo-

---

1. *Mémoires pour servir à l'histoire des mœurs et usages des Français,* par Ant. Caillot. Tome II. Paris, 1827.

cratie financière, si du monde où l'on s'ennuie nous arrivons au monde où l'on agiote, nous trouvons trois pièces de plain-pied, un billard dans l'une, deux écartés dans l'autre, dans la troisième des hommes qui s'entretiennent de finances, de politique, des femmes qui babillent sur les modes et les spectacles; des meubles de Jacob, des bronzes de Ravrio, des colifichets du *Petit Dunkerque,* le grand magasin qui tient la vogue, des profusions de glaces, de petites pâtisseries et de rafraîchissements. Un bon ton cherché, voulu, trop maniéré, règne parmi ces riches manufacturiers, agents de change et banquiers; quelques artistes fourvoyés chez ces Plutus s'y sentent mal à l'aise, des pique-assiettes et des spéculateurs font la courbette auprès des dames; on jase plutôt qu'on ne cause dans un salon de la Chaussée-d'Antin.

Au Marais, on trouve un vieil hôtel orné de sérieuses et antiques dorures intérieures; de jolis meubles anciens, des peintures de maîtres, une grande sévérité d'ornementation dans les tapisseries, tout un mobilier qui repousse l'idée d'une fortune nouvelle; un grand feu sous une vaste cheminée, des candélabres à sept branches, point de lampes. — De vieux serviteurs en livrée introduisent les invités, tous hommes de politesse scrupuleuse et de grande affabilité. Dans les salons, on a disposé trois bostons, un piquet, une table d'écarté pour les jeunes gens de la maison. Les personnes âgées causeront près de l'âtre, sur l'indemnité des émigrés, sur M. de Villèle et son trois pour cent, sur le général Foy et l'empereur Alexandre, sur Bonaparte, Sainte-Hélène et les Bourbons, sur M. de Chateaubriand

et Benjamin Constant ; en un mot, sur les nombreuses questions et événements à l'ordre du jour.

Dans les salons de la petite bourgeoisie, on se réunit sans façons, on sert le thé et les meringues à la crème et l'on se groupe autour d'une vaste table pour jouer au *Schniff,* au *Chat qui dort,* au *trottain, à la peur, à l'as qui court* et autres petits jeux « bons enfants » qu'égayent les lazzis des joyeux compères attablés.

Le luxe dans les appartements commençait à se généraliser vers 1820 ; les salles à manger les plus riches étaient revêtues de marbre, d'autres de stuc avec des attributs mythologiques où Cérès et Pomone se disputaient les dessus de portes. — Au milieu, une table d'acajou massif, quelques buffets à hauteur d'appui et des chaises en forme de lyre couvertes de velours noir ou d'un tissu de crin ; aux fenêtres, des rideaux blancs garnis d'un simple effilé de coton ou d'une large frange de laine rouge.

Quelques salons étaient peints, d'autres tapissés avec une profusion de vastes glaces sur les murs ; les sièges étaient de bois doré recouverts de points. Les rideaux de croisées, toujours de couleur, avaient pour support un thyrse, un carquois d'or très long, un arc ou deux flèches qui se croisaient par la pointe. Sur la cheminée, une pendule de marbre, garnie d'une statuette généralement mélancolique, Calypso rêveuse ou Ariane abandonnée, plusieurs flambeaux ; au plafond, un lustre de bronze doré avec pendeloques et guirlandes de cristal taillé.

La chambre à coucher d'une Parisienne était surtout

meublée avec recherche, on la considérait comme une sorte de salon et les maris attachaient une très grande importance à ce que cette pièce excitât l'admiration des étrangers. Cette chambre se composait habituellement d'une commode, d'un secrétaire, d'un chiffonnier, d'une glace en écran dite *Psyché* et, auprès du lit, d'un *somno*. Il n'était pas rare de voir un piano dans cette chambre; au fond de l'alcôve on plaçait une glace de la longueur même de la couche. Comme tout était destiné à la représentation, le cabinet de toilette était très simple, mais sans entente du confortable; les femmes de la Restauration n'avaient aucun sentiment des arrangements ingénieux; rien ne sentait chez elles le nid capitonné avec amour et grâce; tout était froid, nu et presque virginal.

Les canapés, les fauteuils, les lits même semblaient repousser l'abandon et la caresse, tant la forme en était raide, sévère, on pourrait même dire *prude;* on rêvait, tout gourmé, dans le bleu de l'idéal, mais il est douteux qu'on pût alors dénouer des passions autres que les larmoyantes invocations à l'*Oberman* ou les fades galanteries peu dangereuses pour les velours d'Utrecht.

❀

Un écrivain qui signe l'*Indécis* a laissé dans le *Journal des dames et des modes* de 1817 un frais pastel de la jeune Parisienne de ce temps : « Elle a de beaux cheveux blonds relevés en nattes sur la tête; un petit kachemire est jeté négligemment sur ses épaules, son cou est d'une blancheur éblouissante et ses yeux tour à tour brillent d'un feu vif qui vous pénètre, ou bien sont d'une langueur qui vous enchaîne.

« Elle est svelte et légère, sa taille est souple et voluptueuse ; quand elle est à sa harpe, elle se balance en préludant avec un art qui vous transporte ; c'est Sapho, c'est Corinne !

« ... Quel nom ai-je prononcé : *Corinne!* Ah ! mes yeux se remplissent de larmes et ces accords mélancoliques, ces jours harmonieux, cette voix ravissante ont porté le trouble en mes sens...

« On sonne, on vient ; c'est une marchande d'élégante, chargée de fleurs et de collerettes. Mille essences parfument sa corbeille. Les garnitures sont jetées sur la harpe, sur les chaises, sur le parquet. On essaye une jolie capote, on fait quelques pas devant la glace, on boude, on s'examine, on rit, on gronde, on renvoie tout cela, tout cela est affreux ! On s'étend sur le canapé, on prend un livre, on lit, ou plutôt je crois qu'on ne lit pas, on me regarde, je m'approche, on se lève furieuse, on m'ordonne de sortir, on a la migraine, on s'appuie sur moi ; on souffre ; on est malheureuse..., excessivement malheureuse.

« Justine entre discrètement, apportant une lettre à sa maîtresse ; elle l'ouvre avec inquiétude, je veux la voir, elle la déchire, il faut répondre, elle tire de son sein un petit livret dont elle déchire un feuillet ; elle écrit au crayon deux mots, deux chiffres, deux signes symboliques ; je me fâche à mon tour de ces mystères, je veux savoir... *Je veux savoir!*... Voilà bien un mot de mari. On se moque de ma colère, on se met à son métier, on veut être calme, on brode sur le coin d'un mouchoir une guirlande de myrte et de roses, l'amour est à l'autre coin avec ses ailes et son carquois. Les jeux et les ris sont aux angles opposés, c'est un dessin tout à fait anacréontique, et les sujets sont pris dans les vignettes du petit *Almanach des Dames.*

« Mais déjà le mouchoir et le métier sont bien loin; on fait avancer la calèche, on s'élance sur le trône roulant; dans cet élan rapide toutes les formes sont dessinées; l'œil attentif aperçoit au haut d'une jambe divine une jarretière historiée et à rébus.

« Entraîné, attiré, étourdi, ébloui, je monte aussi dans la calèche; on va aux Montagnes Beaujon, aux Champs-Élysées, aux Tuileries, au *Combat des Montagnes,* chez Tortoni, au boulevard de Gand. Je me perdrai dans le tourbillon sans le bel astre qui me conduit et qui m'éclaire. »

Tel est le croquis aimable et encore très fraîchement conservé d'une demi-journée de mondaine en l'an de grâce 1817.

❀

Dès le mois d'août 1815, le *Boulevard de Gand* était devenu le rendez-vous ordinaire de la classe opulente; il attirait non seulement la foule, mais la cohue la plus impénétrable que l'on puisse imaginer; on s'y donnait rendez-vous sans pouvoir s'y joindre. Cette partie du boulevard, cette *allée,* comme on disait alors, présentait aux regards des curieux le double spectacle de la beauté parée de tous ses charmes et de la coquetterie déployant publiquement jusqu'à ses moindres ressources. La petite-maîtresse venait là pour faire l'essai de sa toilette et montrer

tour à tour sa robe brodée à jour, son chapeau de gros de
Naples, ombragé de marabouts fixés par une rose à cent
feuilles, son pardessus écossais et ses cothurnes de satin ;
l'homme à bonne fortune, le vainqueur des salons y racontait ses conquêtes passées et ses projets futurs ; le banquier y marchandait l'emploi de quelques heures de sa
journée, et la petite bourgeoise ambitieuse s'y glissait à
la dérobée pour épier les secrets de la
mode, afin de retourner gaiement chez
elle exploiter la faiblesse conjugale et
prélever tendrement un impôt sur les
revenus incertains de son époux. — Toute
femme sortait foulée, chiffonnée de cet
encombrement du boulevard, trop heureuse encore si la moitié d'une garniture
de robe n'était pas enlevée au passage
par l'éperon d'acier que le bon genre
mettait aux talons de tous les jeunes élégants, qu'ils fussent cavaliers ou non.

Du boulevard de Gand on se rendait
chez Tortoni qu'on venait de remettre à
neuf et dont les salons brillaient d'éclat
sous leurs lambris blancs et or. Les femmes étaient accou-
tumées à entrer dans ce café qui semblait leur être
réservé; on y voyait toute la jeunesse aimable de la
capitale, et il était d'usage de passer là une heure à
déguster lentement le punch ou les sorbets en grignotant
des gaufrettes. On déjeunait chez Tortoni mieux qu'au
café Anglais, ou que chez Hardy, Gobillard et Véfour. On
prenait des *riens,* des *misères,* des papillotes de levraut
ou des escalopes de saumon; mais tout cela était touché
par la main d'un chef délicat. Les habitués de Tortoni se
divisaient en deux classes bien distinctes : les boursiers et

les fashionables, dont la plupart appartenaient à la race des *béotiens*. Les premiers arrivaient sur les dix heures; ils déjeunaient légèrement, puis commençaient le jeu avec fureur : *J'ai quinze cents! — Je les prends fin courant à soixante-cinq quarante. — J'offre des Cortès à dix et demi!... — Qui veut des ducats à soixante-seize cinquante?* Et ainsi, de onze heures à une heure; on criait, les paroles se croisaient, l'agio allait son train; il se trafiquait aussi à Tortoni une masse énorme de rentes sur parole.

A l'étage au-dessus, le clan des *gants jaunes* se réunissait; on ne voyait là que bottes pointues garnies d'éperons, fracs anglais, pantalons à guêtres et badines à la main. On causait chiens, chevaux, voitures, sellerie, courses, chasses. C'était le salon des *Centaures.*

Vers l'après-midi, centaures et financiers se retrouvaient parfois, le cigare aux lèvres, sur la balustrade de bois, en forme de perron, qui séparait le café du Boulevard, à l'heure de l'affluence et des équipages, quand il semblait de bon ton de citer le nom de toutes les femmes qui descendaient de voiture à la porte du glacier-restaurant.

Sur la fin de l'été 1816, on se portait, après l'heure de Tortoni, sur le quai Voltaire afin de voir fonctionner le premier bateau à vapeur destiné au service de Rouen. Les petites dames et les gandins descendaient de leur cabriolet ou de leur tilbury et se faisaient conduire dans un canot jusqu'à la machine d'invention nouvelle; là, ils faisaient mille questions d'un air d'indolence et d'indifférence sur le mécanisme et, sans attendre de réponse, ils

regardaient couler l'eau et lorgnaient sur les ponts, dans
la direction des bains Vigier, qui étaient encore dans la
vogue la plus grande; puis ils remontaient dans leurs
voitures pour se rendre au bout du boulevard du Roule, sur
l'ancienne route de Neuilly, au *Jardin des Montagnes
russes*.

Ces montagnes aériennes étaient la grande folie du
jour; chaque quartier de Paris eut peu à peu ses *Montagnes*
qui étaient offertes avec orgueil à l'affluence des
amateurs. On en éleva au faubourg Poisson-
nière, à la barrière des Trois-Couronnes, aux
Champs-Élysées, sur le boulevard Montpar-
nasse. Partout, la foule se portait avec un em-
pressement qui justifiait les calculs des entrepreneurs. Le goût des Montagnes gagnait
jusqu'aux dernières classes de la société;
l'artisan et la grisette dégringolaient en espé-
rance tout le long de la semaine, et s'en dédom-
mageaient le dimanche par la réalité. On imita
les Montagnes russes, on fit les *Montagnes
suisses*. La vogue suivit longtemps les entrepreneurs, et les auteurs dramatiques portèrent sur la scène cette fureur du jour qui ne
disparut guère qu'aux approches de 1835. On joua, on
chanta, on mangea même les *Montagnes russes;* elles
inspirèrent des couplets fort gais au chansonnier Oury et
un tableau curieux pour le théâtre du Vaudeville; enfin
elles baptisèrent un bonbon nouveau, d'un goût exquis,
qui fit la fortune de deux confiseurs dont la renommée,
on peut le dire, *vola de bouche en bouche.*

Tout le beau monde se rendait aux *Montagnes* du jardin Beaujon; on allait y faire admirer sa toilette et y étaler
ses grâces en glissant dans le chariot, debout, agitant

un schall au-dessus de sa tête comme une nymphe de la danse. On montait en chariot par couple, mari et femme, amant et maîtresse; puis on se laissait dégringoler avec fracas, dans un tourbillon, serrant de près son cavalier, le plus souvent poussant de petits cris d'effroi qui divertissaient les spectateurs; on applaudissait aux courageuses et parfois imprudentes entreprises des femmes sveltes et hardies qui descendaient des montagnes aériennes comme des sylphides, mais on riait d'autre part, on se pâmait de joie ironique lorsque quelque grosse dame obèse et minaudière s'ingéniait de monter en char et de rouler effarée dans les spirales et les courbes de ces précipices avec le bruit du tonnerre de sa lourde chute.

A côté des Montagnes du *Jardin Beaujon* était un restaurateur qui faisait chair délicate. Le riche banquier, le prodigue marquis, le lord puissant, la coquette légère y trouvaient d'élégants cabinets préparés à leur intention, où ils goûtaient la joie indicible de jeter avec folie l'argent par les fenêtres. — C'était la grande fête des viveurs de 1820.

Les plaisirs sous la Restauration étaient assez nombreux; à l'extrémité du grand carré des Champs-Élysées, le jeu de paume avait repris ses droits; on jouait aux boules et aux quilles avec passion, ce dernier amusement se nommait aussi le *jeu de Siam;* l'industrie parisienne avait encore inventé la balançoire du jeu de bague. De tous côtés, ceux que n'abrutissaient pas les tripots du Palais-Royal se livraient aux exercices physiques, à la natation, à l'équitation, à la course et contribuaient à préparer cette naissante et solide génération de 1830, qui peut être considérée à bon droit et à différents titres comme la plus glorieuse de ce siècle étonnant.

La Restauration avait surtout apporté une nouvelle forme d'équitation; le long séjour en Angleterre d'un grand nombre d'émigrés leur avait fait adopter, entre autres modes du Royaume-Uni, celle de se tenir d'une certaine manière sur un coursier et d'en diriger l'allure. Aussi, tout — dans les cavalcades et la plupart des équipages de la Cour — fut bientôt à l'anglaise. L'art français d'équitation fut exclu un instant des manèges, et dans les promenades publiques, sur les boulevards, au bois de Boulogne, on ne vit que des cavaliers qui, d'après les principes imposés, obéissaient à tous les mouvements de leur cheval; on n'aperçut que des jockeys, en culotte de peau, montant des coursiers anglais. L'équitation s'était tellement développée qu'on put former un régiment complet de la garde nationale à cheval, exclusivement composé de gentlemen et dont le costume était on ne peut plus gracieux.

La Restauration, en favorisant les exercices du corps dans la jeunesse parisienne, rendait en même temps un service réel à la morale publique. La débauche était moins forte que sous l'Empire, partout une réaction heureuse s'opérait; la plupart des bals en permanence, qui n'étaient qu'un prétexte à la prostitution, étaient abandonnés ou fermés; la censure théâtrale, en veillant à ce que les bonnes mœurs ne fussent plus outragées, avait arrêté les obscénités que les saltimbanques débitaient sur des tréteaux, en public, et qui, aussi bien par les gestes que par les chansons, ne donnaient que de trop tristes leçons de débauche au bas peuple qui s'assemblait pour les applaudir et s'en égayer.

Au milieu de tous les plaisirs et des différentes fêtes qui donnèrent de l'éclat aux règnes de Louis XVIII et de Charles X, les femmes apportèrent un fond de tristesse, de désabusement, de mélancolie qui leur faisait décrier partout les vains plaisirs du monde. A entendre leurs gémissements, leurs phrases sentimentales et philosophiques sur le bonheur de l'indépendance et de la tranquillité sédentaire, on les eût prises pour d'infortunées victimes des conventions sociales. Toutes rêvaient en apparence une vie simple, champêtre, solitaire, un bonheur intime à deux, dans un désert qu'on peuplerait d'amour et de tendresse. Elles se donnaient pour sacrifiées aux exigences du monde, à la situation de leur mari, à l'avenir de leurs filles qu'il fallait cependant conduire au bal; cette vie fiévreuse, tissée de banalités, faite de mensonges et de fadeurs, cette existence assujétissante où elles gaspillaient leur âme et leur esprit était, d'après leur dire, contraire à toutes leurs aspirations élevées et à leurs sentiments les plus intimes. Que de soupirs, que de larmes discrètes ces belles incomprises laissaient passer entre leurs lèvres boudeuses ou couler de leurs yeux attendris ! — Dans leurs discours, la société de Mme X*** était mourante; elles étaient excédées de dîners et de bals, elles ne cessaient de se lamenter sur la nécessité de se parer, de passer jour-

16

nellement quatre heures à leur toilette; elles déclaraient
trouver la Comédie française insipide, l'Opéra ennuyeux,
Brunet et Potier pitoyables, Monrose navrant, Perlet fleg-
matique et énervant, Bobêche de mauvais ton, et, cependant, elles se ruinaient en schalls, en habits, en chiffons;
elles demandaient avec ardeur des présentations et des
billets; elles intriguaient pour être de toutes les fêtes et,
de fait, elles se prodiguaient autant que possible dans tous
les festins, concerts, spectacles et raouts de rencontre.

C'est que, à vrai dire, la femme de la Restauration, —
ainsi que la femme de tous les temps, — était curieuse
d'inconnu, assoiffée d'étrange, amoureuse d'imprévu; elle
allait partout avec ennui à la recherche d'une sensation
forte, d'une commotion subite, et elle n'ignorait pas que,
pour trouver l'amour, il fallait en tous lieux déployer la
coquetterie. Mais, en vérité, de 1815 à 1820, la Française
semble perdre de ses grâces. Sombre, prude, pessimiste, très
engoncée au moral comme au physique, elle n'a plus les
attirances de la coquette impériale et ne fait pas pressentir
les charmes pénétrants des raffinées de l'âge romantique.

CHAPITRE V

LES ÉLÉGANTES

DE L'AGE ROMANTIQUE

CHAPITRE V

LES ÉLÉGANTES DE L'AGE ROMANTIQUE

Usages et raffinements des modes

DE LA PARISIENNE DE 1830

L E type féminin à la mode en 1830 est une de ces femmes de trente ans, chantées par Balzac et dont la beauté rayonne et s'épanouit dans tout l'éclat de son été parfumé. — De nature froide en apparence et uniquement amoureuse de soi-même, cette souveraine veut se réchauffer aux hommages du monde, et elle dresse ses vanités en espalier, afin de recevoir de toutes parts les caresses enivrantes du faux soleil de la flatterie. Ce qu'elle cherche, ce sont des émotions et des jouissances de coquette ; pour conserver cette place de femme à la mode dans un temps où la gloire est si capricieuse, il lui a fallu autant d'habileté que de bon-

heur, autant d'adresse que de beauté, autant de calculs que
de chances favorables ; elle a dû faire abstraction de ses
caprices, de ses fantaisies, presque de son cœur ; pour maintenir ce pouvoir envié et attaqué de grande première
coquette, chaque jour remis en question comme le pouvoir
d'un premier ministre, aussi pour équilibrer sa vie avec
sûreté, que de prudence et de politique !

— Pénétrons, si vous le voulez bien, chez une femme à
la mode vers 1830 dès l'heure tardive de son petit lever.

De légers nuages, d'une vapeur parfumée, s'élèvent
d'une corbeille de fleurs soutenue par un trépied doré, et
le flambeau d'un petit amour, tout façonné d'émaux et de
pierreries, répand dans la chambre de la jeune endormie
l'incertaine clarté d'une veilleuse. Cette douce lueur, tantôt reflétée dans les glaces, tantôt se balançant sur des
draperies azurées, pénètre le mystère d'une mousseline
transparente et éclaire un piquant désordre, vestige de
plaisirs, d'élégance, de coquetterie, de sentiment peut-
être, de tout ce qui révèle enfin le joli nid d'une femme
heureuse. Des kachemires suspendus aux patères, vingt
nuances de gazes et de rubans qui attendent un choix ;
des livres et des plumes, des fleurs et des pierreries ; des
extraits d'ouvrages et de manuscrits commencés ; une
broderie sur laquelle une aiguille s'est arrêtée ; un album
rempli de croquis et de ressemblances inachevés ; puis les
meubles qualifiés alors de somptueux, les ornements
gothiques, les peintures aux fraîches et douces images, et
la pendule emblématique qui sonne onze heures du matin
et vient porter le réveil dans cette alcôve où repose tout
ce que la jeunesse et la grâce peuvent réunir de séduisant
sous les traits d'une femme à la mode.

La belle s'éveille lentement, ses yeux errent incertains
dans le demi-jour de la chambre, elle s'étire langoureuse-

ment dans la chaleur moite des draps ; elle passe, comme
une caresse, sa main sur son front brûlant encore des
fatigues de la veille ; ses lèvres s'entr'ouvrent pour donner place à un léger et nonchalant soupir. Elle sonne
enfin ses femmes de chambre pour procéder à son premier
négligé, composé d'un peignoir en jaconas blanc, ayant
une toute petite broderie en tête de l'ourlet, une chemisette en batiste à collet rabattu, garnie de valenciennes, et
des manchettes ornées de même. Elle ajoute à cela un
petit tablier en gros de Naples, nuance cendrée, brodé
tout autour d'une guirlande en couleurs très vives ; un
fichu de dentelle noué en marmotte sous le menton, puis
des demi-gants couleur paille, brodés en noir. Elle chausse
enfin des pantoufles en *petits points,* entourées d'une
faveur plissée à petits tuyaux, comme les portait Mme de
Pompadour, et ainsi vêtue, elle se rend à la salle à manger où le déjeuner est servi : un déjeuner mignon, léger,
qu'on dirait composé d'œufs de colibri, un doigt de vin de
Rancio pour mouiller ses lèvres..., ce sera tout.

L'après-midi, l'élégante à la mode revêtira, aux premiers jours de printemps, une robe en chaly semée de
bouquets ou de petites guirlandes formant colonnes ; le
corsage drapé ou à schall, en dedans un canezou à longues manches en mousseline brodée. Elle prendra une
écharpe en gaze unie, une ceinture et des bracelets en
rubans chinés ; sur sa tête elle jettera coquettement un
chapeau de paille de riz orné d'un simple bouquet de
plumes, et chaussée de bottines en gros de Naples couleur
claire, elle descendra se blottir dans un brillant équipage
pour parcourir la ville et faire quelques visites à diverses
coquettes en renom, dont le jour de réception est marqué
sur son petit agenda d'ivoire.

Dans ces visites on parle de toutes choses, on demande

quelle grâce nouvelle la mode va donner aux fleurs et aux
rubans, on écoute la lecture de quelque pamphlet du jour
ou d'un poème aux vaporeuses fictions ; on parle peinture,
musique ; on discute les doctrines, on médit de son siècle
et on fait passer sur ses lèvres de rose tous les discours
d'un machiavélisme à la mode ; cela posément, correctement, en ménageant ses gestes, en faisant valoir le chiffonné de sa jupe, la petitesse de son pied, la
fine cambrure de sa taille, l'élégance de sa
main gantée ; on parle surtout chiffons et
théâtres. Ah! les chiffons! quelle fureur!

« Marquise, avez-vous lu *le Bon Ton* de
ce matin ? — Non, chère baronne, et cependant j'y suis abonnée, ainsi qu'à *la Gazette
des Salons* et au *Journal des Dames et des
Modes*... — On y donne une mode nouvelle
dont je n'ai encore vu qu'un modèle au thé
de mylord S... Qui a pu donner cette
description au journaliste ?... Figurez-
vous, chère belle, une robe en velours
ponceau, avec corsage à la grecque entouré d'une petite broderie d'or ; sous
les plis de ce corsage parfaitement soutenu et formant
godets comme dans les costumes antiques, se voyait un
corsage de satin blanc, entouré aussi d'une petite broderie
d'or qui servait de tête à une blonde haute de quelques
lignes seulement et posé à plat. Une double draperie en
velours, relevée et pincée sur l'épaule par une agrafe d'or
façonnée, retombait sur une manche de blonde à dessins de
colonne et froncée au poignet... — Mais c'est purement
délicieux, baronne ! — Attendez, ce n'est pas tout ; pour
compléter ce costume d'un genre tout odalisque et enrichi
encore par de superbes diamants, on avait ajouté un tur-

ban, gaze blanche et or, orné de deux membranes d'oiseau
de paradis, dont l'une était attachée contre le front, l'autre
sur la tête en sens inverse. — Dieu ! la divine toilette !
— Aussi bien, Marquise, suis-je encore dans l'indécision
si je l'adopterai, quoique je sois de petite taille et qu'elle
ne convienne qu'à ces colosses de femmes de l'Empire,
qui ont toutes les fadasseries possibles à côté
de leur coquetterie.

« Baronne, étiez-vous à l'Opéra avant-
hier ? — Mais assurément, on donnait *Robert*,
dont je raffole ; ces flots de pénétrante et
ravissante harmonie me grisent le cœur ; je
trouve Mme Damoreau faible cependant, et
Nourrit exagéré et je regrette Levasseur et
Mlle Dorus. — Pour moi, je me réserve,
Baronne, au plaisir de voir la Taglioni dans
la *Sylphide;* il paraît qu'elle y exerce une
irrésistible attraction et que les soirs où elle
paraît, il y a foule. — Comment, ma chère
petite, vous ne l'avez point vue encore... ;
mais c'est insensé !... hâtez-vous vite... »

Ainsi se succédaient les conversations dans ces visites
de femmes à la mode, sans compter qu'on y torturait
l'esprit, qu'on y exploitait la médisance, qu'on y minaudait
sans fin, qu'on y vantait de vieilles gloires de la fashion sans
pouvoir se décider à ériger de jeunes triomphes. Aucun
naturel dans le débit, mais beaucoup d'afféterie et de dissimulation habile. Les phrases à la mode ont cours forcé.

Avez-vous vu le dey d'Alger? Dom Pedro? La jeune
Impératrice du Brésil? — telles sont les questions du
jour et, à moins d'être sauvage, il faut répondre qu'on a
vu ce dey détrôné, qui s'intitule par ses cartes de visite
Hussein, ex-dey d'Alger, qui dîne de deux poules cuites

17

à l'eau et qui enferme ses femmes comme des billets de
banque; il faut encore insinuer que dom Pedro a l'air noble,
froid, quelque peu mélancolique et que sa tournure élégante se dessine à ravir dans son habit militaire. On
ajoute, pour n'être point taxée de provinciale, que sa jeune
et jolie femme a le front radieux de grâce et de jeunesse
et qu'elle n'avait point besoin, pour briller, de l'éclat d'un
diadème.

Notre élégante à la mode, ses visites faites, trouvait
la possibilité de se rendre à l'exposition des tableaux pour
y observer les efforts de notre jeune école. Son isolement
ne l'arrêtait pas, car le temps n'était plus où une femme
redoutait de se rendre seule dans une institution publique.
Elle était assurée d'y rencontrer quelques jeunes dandys,
la fleur des pois des salons parisiens, pour papillonner
autour d'elle et analyser le coloris des peintures en sa
compagnie. Assimilée, par la vie de romantisme à outrance
du moment, à toutes les élévations, elle se jugeait suscep-
tible de prétendre à tous les succès et partageait, à son
idée, avec les hommes, l'indépendance du génie en répudiant la mesquinerie des préjugés comme une sotte supers-
tition. Elle n'a rien à craindre : un fat ou un écolier pourraient seuls ignorer encore que suivre une femme n'est
plus qu'un ridicule hors de mode.

Au Salon de peinture, Horace Vernet, Delaroche
Decamps, Couture, Ingres, Delacroix, Scheffer, Dubufe,
sont les noms qui résonnent cent fois à son oreille, alors
qu'elle parcourt les longues salles garnies des tableaux de
l'année ; la *Marguerite* de Scheffer la retient un instant et
elle se mêle aux groupes qui discutent sur le mysticisme
de coloris que le peintre emprunte à Gœthe, et sur le
charme étrange et vaporeux de cette composition. Paul
Delaroche fixe également son attention avec sa *Jeanne*

Gray, dramatique comme un cinquième acte de tragédie. Le bourreau excite son enthousiasme, elle apprécie surtout l'expression indéfinissable et touchante de la pauvre Jeanne ; autour d'elle, on raconte que le modèle dont le peintre se serait servi pour mettre en relief la charmante suppliciée n'est autre que Mlle Anaïs, la belle sociétaire de la Comédie-Française et, pour être au fait de toutes choses, elle donne aussitôt aux amis de rencontre l'anecdote pour véritable et comme la tenant de l'artiste même.

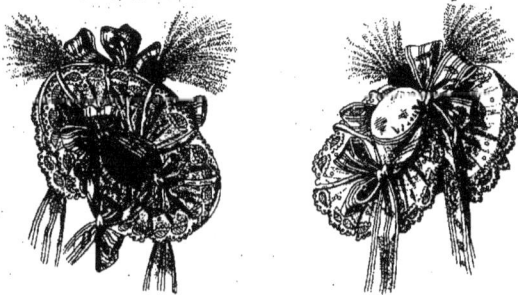

La coquette étourdie, grisée, rentre enfin chez elle, se fait déshabiller et livre sa tête à son coiffeur, artiste en renom qui est à la fois physionomiste, chimiste, dessinateur et géomètre. Celui-ci — autre bourreau — s'empare aussitôt de la tête, en examine attentivement toutes les formes; le compas à la main, il trace des contours, des angles, des triangles; il observe les distances entre les angles du front, s'assure des proportions de la face et s'applique à bien saisir les rapports entre les deux côtés du front et les deux côtés de la face, qui commencent sa chute et se terminent au-dessous des oreilles. Il imagine alors un genre de coiffure qui tempère ce que la physionomie de la belle a de trop piquant, il crée un retroussé *à la chinoise*, qui lisse les cheveux sur la tempe et laisse

au front tout son éclat et sa pureté de dessin. Parfois
aussi, selon sa fantaisie, il tresse des nattes, des coques
étourdissantes et pyramidales qu'il étage savamment sur
le sommet de la tête, laissant sur les côtés deux masses de
petits bandeaux semblables à des grappes qu'il frise et
bouillonne avec un art charmant.

Aux questions de sa cliente, le coiffeur répond d'un
ton doux et respectueux; il n'attend pas
toujours qu'on l'interroge et il raconte
volontiers les anecdotes qui sont venues à
sa connaissance ou qu'il a apprises par la
lecture des journaux. Le coiffeur de 1830
est essentiellement romantique, mais il a
l'art de se montrer selon les milieux, ou
ministériel, ou libéral, ou royaliste; il cite
indistinctement la *Quotidienne,* le *Drapeau blanc* ou le *Journal des Débats.*
Lorsqu'il a disposé avec goût sur l'édifice
qu'il vient d'élever si délicatement, des
fleurs, des plumes, une aigrette, des épingles à pierres fines ou un diadème, notre
Figaro se retire, et la belle élégante passe
alors une robe d'organdi peint, à manches courtes, avec
corsage décolleté à la vierge; elle prend discrètement quelques diamants, boucles d'oreilles et collier, et daigne alors
se faire annoncer que Madame est servie.

Le dîner d'une femme du romantisme n'est pas long; la
gastronomie n'est pas un plaisir qui convienne à ses goûts;
le positif de la vie en est devenu l'accessoire; elle aime à
penser, elle veut une existence tout intellectuelle, des
jouissances qui répondent aux progrès de son imagination
affinée. Ce qui fait palpiter ses sens, ce ne sont pas les
soupers fins, les mets recherchés; en ce temps de byro-

nisme, la mode n'est plus là : il est de suprême bon ton
de mourir de faim et de boire la rosée du ciel. Il lui faut
les débordements de la politique et ses frémissantes émotions, les exagérations de la poésie féroce, les invraisem-
blances amoureuses de la scène, les poignantes sensations
des drames sanguinaires. Elle se plaît dans ce délire
d'actions et de pensées, dans les extravagances du rêve ;
elle ne se déclare satisfaite de l'existence qu'autant qu'elle se trouve être saccadée, échevelée,
surmenée par les plus terrifiantes impressions.

Le soir, notre coquette mondaine se rend au
théâtre, avant le bal ; elle va de préférence à
la Comédie ou à la *Renaissance* se saturer
des tableaux de l'école des outranciers ; elle
ressent toutes les passions des héros du romantisme ; elle partage leurs ivresses et leur ago-
nie. Ces crimes, ces étreintes amoureuses, ces
larmes, ces supplices, ces voluptés, ces bizar-
reries, ces tortures apportent à son cœur délices profondes et angoisses féroces à la fois.

Elle se sent dans sa loge dégagée de
toutes les contraintes d'une société artificielle, et dans ce moment de repos, elle aime à retrouver
ses naturelles émotions, ses sentiments innés, ses pensées
non factisées par les relations mondaines. Elle applaudit
de toutes mains et de toute âme aux tirades affolantes,
aux tempêtes amoureuses, aux heureux dénouements ;
puis, quand le rideau est tombé, la femme à la mode trouve
tout noir et tout vide autour d'elle ; à peine regarde-t-elle
son *cavalier servant* qui lui semble fort étriqué et mesquin.
Elle sort, le monde la reprend, l'accapare ; elle se couche
le soir sous sa cornette de dentelle, la tête bourdonnante
d'illusions, le cœur bruissant de vague comme un coquil-

lage creux; mais demain, à son réveil, elle pensera avoir
rêvé la veille au soir, et elle reprendra la livrée de la Mode
qui fait d'elle une Reine éphémère et dépendante, une
véritable idole publique.

Il n'y avait point de réunion où les femmes ne fussent
admises à Paris sous la monarchie de Juillet; dans tous
les cercles, elles avaient droit à prendre rang, soit par
leur mérite, soit par leur beauté.

Aux bals, à la Chambre des députés, aux
spectacles et aux prédications saint-simonistes,
aux Athénées, au bois de Boulogne, enfin partout où se rencontrait quelque agitation
d'esprit ou d'industrie, on était sûr de trouver des femmes. La Bourse même leur
inspirait des idées spéculatives que l'on
comprenait difficilement en regardant
l'expression légère et frivole de leur
physionomie. Voici comment s'exprime
à ce sujet un grave journal, *le Constitutionnel* de novembre 1831 :

« La manie de la Bourse a pris
depuis quelques mois un accroisse-
ment extraordinaire; elle gagne les
dames elles-mêmes qui comprennent
aujourd'hui et emploient, avec autant
de facilité que l'agent de change le
plus consommé, les termes techniques du parquet. Elles
raisonnent la prime et le report comme les vieux courtiers
marrons. Tous les jours, d'une heure et demie à trois heures
et demie, les galeries de la Bourse sont garnies d'une foule
de dames élégantes, qui, l'œil fixé sur le parquet, corres-

pondent par gestes avec les agents de change; il s'est
même établi des courtiers femelles qui reçoivent les ordres
et les transmettent aux commis, qui viennent les prendre
à l'entrée de la Bourse. Nous ne voulons pas
nommer la plus remarquable de ces dames;
elle a obtenu de bien jolis succès sur un
théâtre et fait une grande fortune qu'elle
vient elle-même exploiter à la Bourse[1]. » —
Les femmes qui allaient à la Bourse adoptaient un costume sévère et de circonstance,
presque toujours composé d'un manteau,
d'une capote en velours avec voile de blonde
noire; dans la ceinture, elles plaçaient un
petit carnet de bois de santal avec son crayon
d'or.

Les dimanches, aux prédications des
Saint-Simonistes, dans la salle Taitbout, les
élégantes remplissaient toutes les premières
loges du rez-de-chaussée. La mode était venue
de se rendre à ces réunions de Saint-Simonistes,
soit pour analyser la nouvelle doctrine, soit pour
en combattre les principes, soit encore pour jouir de l'entraînement d'une éloquence vraiment remarquable ou apprécier le mérite d'une nouvelle idée présentée dans un cadre
brillant. La plupart des femmes qui se trouvaient là voulaient principalement se mettre au courant de la conversation à la mode, et comprendre autant que possible
comment la *communauté* pouvait un jour remplacer l'*héré-
dité*. Tous les sophismes séduisants de la nouvelle religion
étaient débités par de jeunes apôtres enthousiastes qui
avaient des succès d'homme et d'orateur à la fois. Les

1. C'est probablement d'Alice Ozy qu'il s'agit.

rites saint-simoniens n'excluaient pas du reste la coquetterie ni la grâce, à en juger par la rare élégance des plus
fougueuses sectatrices qui composaient ce nouvel aréopage.
On retrouvait tout ce qu'Herbaut, Victorine, Palmyre et
Mme Minette, les hautes réputations à la mode d'alors, faisaient de mieux en coiffures, robes et rubans. Comme pour
ces réunions les manteaux étaient embarrassants, ces dames
avaient adopté de préférence des douillettes
en satin gros d'hiver ou des robes guimpes
en velours avec kachemires et boas.

A la Chambre des députés, c'était un
contraste piquant que celui de tant de physionomies gracieuses et de tournures élégantes réunies dans une enceinte où ne
s'agitaient que de graves questions et des
discussions diplomatiques. Là, comme dans
les grandes fêtes d'hiver, on distinguait les
femmes le plus en réputation pour le luxe
et les succès du monde. Il y avait des tri-
bunes où l'on n'apercevait que des plumes,
des kachemires et de riches fourrures,
des douillettes de satin d'Orient, des
redingotes en velours soie, des manteaux
de Thibet ou d'étoffes damasquinées. A la sortie des
séances, avant de prendre place dans leurs équipages, ces
dames jasaient de questions du jour, parlaient chiffons,
détaillaient réciproquement leur toilette et apportaient
sur le péristyle du temple des lois une grande gaieté et
comme un gazouillis charmeur d'oiseaux.

La mode de monter à cheval se propagea de plus en
plus chez les femmes de Paris de 1830 à 1835; il y eut un
instant presque rivalité avec les Anglaises. Dans toutes
les promenades on rencontrait des amazones. Il est à

remarquer que le bon genre voulait qu'on fût accompagnée par deux ou trois cavaliers à côté de soi ainsi qu'à *Rottea-Row* et par un écuyer qui conservait une distance de cent mètres en arrière. On laissait son équipage à la barrière sinon à l'entrée du Bois.

Le costume des amazones ne subissait pas de grandes variations; c'était généralement un jupon de drap avec un canezou de batiste. Autour du cou, un petit plissé soutenu par une cravate de gros de Naples à carreaux ou de la couleur du jupon. Les pantalons en coutil à sous-pieds, les petites bottes, les gants de peau de renne, la cravache en rhinocéros ou la badine de chez Verdier complétaient parfois le costume. La coiffure variait; on portait soit le chapeau de gros de Naples à plumes d'argus, soit la casquette ou la toque, soit encore le feutre qui donnait aux gentilles amazones une allure un peu garçonnière, un air tapageur et souvent une singulière figure *à la Colin.*

L'été, les Tuileries, les Champs-Élysées, attiraient toute l'élégance parisienne. Les promeneurs affluaient aux Tuileries de huit à neuf heures du soir aux mois de juin et juillet; la grande allée ressemblait plutôt à une galerie encombrée de monde qu'à un lieu où l'on se promet de flaner à son aise et de respirer à poitrine que veux-tu. C'est là que les dandys, tout en causant politique, révolution, plaisir et femmes, venaient remplir un entr'acte de spectacle ou se rafraîchir en sortant d'un bruyant dîner. — Les Gillettes guêpées, les poupées du jour, les coquettes mondaines y arrivaient par groupes,

accompagnées de joyeux mirliflores, pour montrer de jolies
toilettes, faire deux fois le tour de l'allée des orangers,
puis s'asseoir en cercle afin de bavarder alternativement
d'une pièce nouvelle, d'une émeute passée ou à venir, d'une
forme de chapeau, d'une polémique de journaux, d'un scandale galant arrivé à l'un des derniers ministres, des cata-
strophes du Brésil ou de la Pologne, et parfois aussi des
accents profonds d'un nouvel ouvrage poétique.

Les Champs-Élysées étaient également le
rendez-vous favori de toutes les sociétés
de la grande ville. On avait transformé
en une vaste salle de concert une partie
de cette superbe promenade et chacun
s'empressait d'y porter le tribut de son
admiration. L'orchestre de Musard faisait entendre au loin sa puissante et dansante harmonie; une enceinte immense
avait été disposée de manière à ce qu'elle
ne puisse être franchie par la foule; des
tentes avaient été construites afin de
rassurer en cas d'orage, et de ne pas
permettre à la plus légère inquiétude de
troubler le plaisir des assistants. Tout
concourait à assurer la vogue de ces jolies fêtes champêtres
qui se prolongeaient chaque soir jusqu'à minuit. — Sous
la voûte des grands arbres, brillamment éclairés, des milliers de femmes, des élégantes qui n'avaient pas encore
quitté Paris et qui osaient se montrer, se promenaient
gracieusement et légèrement vêtues, en peignoir d'organdi
blanc ou de mousseline, garni de dentelles, ou noué par des
rubans. On voyait là de doubles pèlerines en valenciennes
tuyautée, des mantelets de blonde noire, doublés de taffetas de couleur, des robes de pékin peint à nuances tendres

et à dessins légers sur fond blanc : petits bouquets d'œil-
lets bleus sur fond tourterelle ou branches de clochettes
roses, jaunes et lilas sur fond crème; beaucoup de chapeaux paille de riz doublés de soie couleur et nombre de
délicieux éventails chinois.

Les femmes étaient charmantes ainsi, fraîches, pimpantes, rieuses, avec un air alangui qui convenait si bien
au genre de leur coiffure, à la nature même de
leurs costumes; à ces concerts Musard, sous ce
dôme de verdure illuminée, elles rappelaient
en quelque sorte la poétique fiction des Champs-
Élysées de la mythologie; on eût dit
voir revivre les gracieuses héroïnes des
décamérons du XVIᵉ siècle.

Les concerts du *Jardin Turc,* au
Marais, rassemblaient autour de l'orchestre de Tolbecque une aimable
assemblée parmi le monde de la bourgeoisie et du commerce. Le *Jardin
Turc* formait un tableau pittoresque,
digne du pinceau d'un Debucourt,
avec ses ombrages touffus, ses glo-
riettes de verdure, où circulaient la
bière mousseuse et la bonne gaieté des braves gens; dans
ses allées, les époux du Marais montraient sans en rougir
leur bonheur et leur cordialité matrimoniale; de bonnes
mamans, mises en joli guingamp rose et ayant leur schall
attaché par deux épingles à leurs épaules, venaient voir
s'ébattre et s'égayer leur petite famille; plusieurs *Jeunes-
France,* échappés de l'île Saint-Louis, s'asseyaient près
d'une table, en bonne fortune, auprès de quelque fraîche
grisette à l'œil rieur, à la bouche incarnadine, dont les
cheveux folâtres voletaient à l'aventure sous un chapeau

Paillasson. Des *beaux-fils* du quartier, en quête de passions ou de mariage, apparaissaient solitaires, satisfaits
d'eux-mêmes, empesés dans leur cravate et le glacé de
leurs gants queue de serin, exhalant de leur chevelure
apprêtée un fort parfum de bergamote.

L'été, tout le boulevard de Gand était en liesse; c'était
entre une triple rangée de fashionables lorgneurs que des
calèches remplies de jolies femmes se croisaient et s'entre-
croisaient comme des corbeilles de fleurs, tandis
que des cavalcades de dandys faisaient jaillir
sur de pacifiques piétons des nuages
de poussière. — C'était bien le promenoir
de la cité parisienne, un rendez-vous d'élégance et de plaisir qui atteignait alors
son apogée. Le boulevard de Gand marqua l'heure des suprêmes fantaisies de
l'esprit et de la rare distinction des
Brummel de 1830, l'heure du dandysme, de « l'orgie échevelée » et de
la bohème à outrance, qui avait grand-
dement aussi son caractère de gloire,
sa philosophie de costume, son originalité de belle allure, car, en fuyant
toute dictature en fait de toilette et d'idées, la bohème,
sous la monarchie de Juillet, fut comme la conservatrice
de l'intégrité et de l'indépendance de l'art.

Depuis lors, il faut bien le dire, la physionomie du
boulevard est presque entièrement défigurée; son côté flam-
bant et raffiné a disparu; ce n'est plus que le passage de
l'Europe. On s'y montre affairé, préoccupé d'idées et de
buts divers; chacun s'y rencontre courant à quelques rendez-vous en sens opposé; on se salue, on se serre la main
en hâte, on entre échanger quelques idées au café le plus

proche, mais on ne s'y montre plus uniquement par esprit
fashionable; l'art de la flânerie même s'y est perdu; Albion
nous a cédé son odieuse devise : *time is money*. Au
xxe siècle le sens du mot *boulevardier* aura disparu.

L'hiver à Paris était non moins bruyant que les beaux
jours; les fêtes s'y répétaient de toutes parts
avec une nouvelle élégance, une activité, un
charme, qui en faisaient vraiment des réunions de plaisir et non des réceptions d'apparat et de cérémonie. Les salons étaient
ouverts dans tous les mondes, noblesse
et haute bourgeoisie; les bals de la Cour
avaient un prestige de luxe et de grande
élégance. Au milieu de ces réunions
immenses, dans les splendides salons
des Tuileries, les femmes et les diamants luttaient d'éclat. L'aspect des
soupers qui terminaient ces galas
était surtout éblouissant; autour
d'une table immense, resplendis-
sante d'or, de cristaux et de mets
délicats, on voyait comme un brasillement de femmes et
de pierreries. Les hommes, pour jouir de ce coup d'œil, se
plaçaient volontiers dans les loges qui entouraient la salle
de spectacle, où le souper était donné. De là, ils admi-
raient à loisir cette chaîne de jeunes et jolis bras nus, ces
robes de satin broché, *pékin, gourgouran* ou *Pompadour,*
ces gazes et ces tissus légers qui faisaient valoir la splendeur des épaules...; ils comprenaient que lord Byron avait
tort de jeter l'anathème aux femmes qui mangent, et que
la plupart ont encore beaucoup d'attrait en portant une

jolie friandise ou un verre de cristal à leurs lèvres. Aux soupers des dames succédait celui des messieurs, puis l'on retournait à la danse ou bien plutôt l'on se retirait par groupes peu à peu avant que l'aube éclairât entièrement la cour du Carrousel.

On recevait beaucoup chez Mme d'Apony, dont les fêtes étaient superbes, et qui excellait dans le talent de faire gracieusement les honneurs d'une soirée. Elle aimait donner l'élan du plaisir et la société lui devait non moins de reconnaissance que d'hommages. Le jeune duc d'Orléans ne manquait jamais à ses bals; il y portait, sous son uniforme, la grâce de ses vingt ans et ses manières polies, douces et respectueuses près des femmes. — Chez Mme d'Apony venait l'élite de la *fashionability* et de la littérature; Lamartine, Alfred de Musset, Eugène Sue, Balzac se rencontraient dans ces salons princiers, au milieu des diamants, des gorges resplendissantes de pierreries et de guirlandes de perles roses.

On dansait aussi chez les duchesses Decazes, de Raguse, de Liancourt, de Maillé, d'Albuféra, de Guise, d'Otrante et de Noailles, chez Mmes de Flahaut, de Massa, de Matry, chez les princesses de Léon, de Beauffremont, chez les comtesses de Lariboisière et de Châtenay. Les bals se succédaient avec une incroyable profusion. Dans le centre de la ville,  dans les faubourgs, ce n'étaient que fêtes, que divertissements : Paris n'avait plus de repos; la nuit, tout était illumination brillante, bruit de voitures et d'orchestres assourdis; on ne semblait craindre qu'une disette : celle des musiciens.

Durant le carnaval, l'élite de la capitale venait assister aux nuits de l'Opéra, dans cette belle salle éclairée par

soixante lustres chargés de bougies qui se reflétaient dans
le cristal qui leur servait de réseau. Les loges, les galeries
décorées de festons, de gaze, d'or et d'argent, les murs
couverts de glaces offraient aux spectateurs un tableau
mouvant, une fête fantastique pleine de couleur et d'originalité. On y montrait des danseurs espagnols qui exécu-
taient le *bolero*, le *zapateado* avec une vigueur et à la fois
une morbidesse surprenantes. Par opposition, on donnait
les danses gracieuses de *Cendrillon,* exécutées par les
dames de l'Opéra; puis on fournissait le signal du fameux
quadrille des modes françaises depuis François Ier jusqu'à
l'heure présente. C'était un piquant coup d'œil que cette
réunion de costumes qui se sont succédé en France depuis
plus de trois siècles... la mode de 1833 ne paraissait pas
trop disgracieuse à côté de celle de François Ier, qu'elle
rappelait par plus d'un point; tout ce défilé, ce panorama
vivant du passé s'évanouissait enfin; le bal commençait;
la salle et la scène ne faisaient plus qu'un. C'était alors
le *raoût* général où intrigues, conversations mystérieuses,
se succédaient sans interruptions jusqu'aux premières
lueurs du jour.

La tenue des hommes à ces bals de l'Opéra était
sévère; presque tous adoptaient le costume noir de bal; le
plus grand nombre chaussait le bas de soie noir ou brun;
quelques-uns, qui avaient adopté le pantalon collant,
avaient des boucles en or carrées sur leurs souliers. Parmi
les dames, les dominos étaient en immense majorité; dominos blancs, dominos bleus, dominos roses, dominos noirs
surtout. Plusieurs spectatrices dans les loges ne portaient
pas de capuchon; elles étaient coiffées avec des marabouts
ou des guirlandes de feuilles ou de fleurs; des loups à
large bande de tulle brodé ou uni; quelques excentriques
avaient remplacé le domino par des sortes de simarres

ouvertes sur le devant en satin broché ou en satin de
Perse.

La jeunesse des écoles avait peu à peu révolutionné la
danse française dans les réunions de la *Grande Chaumière;* aux mouvements élégants, lentement développés
de l'exquise gavotte de nos pères, ils avaient substitué un
pas frénétique, épileptique, parfois indécent, qu'on baptisa
du nom de *chahut.* Du quartier Latin cette danse
sauvage et égrillarde s'était étendue dans le
peuple et même chez les dandys; on la vit
fleurir à l'Opéra et principalement aux bals des
Variétés. Elle ne nous a plus quittés.

Dans les premières années du règne
de Louis-Philippe, les bals de l'Opéra
étaient fréquentés par la meilleure compagnie et tout s'y passait d'une manière
décente et courtoise. Les étrangers admi-
raient le goût de ces fêtes, la grâce et
le bon ton des Parisiennes, s'étonnant
même que dans une telle confusion, dans
une cohue si prodigieuse, on pût apprécier cette grande égalité qui dénotait le
caractère de la nation. Ce ne fut guère
qu'en 1835 que les bals de l'Opéra dégénérèrent en licen-
cieuses manifestations. Un lord richissime, lord Seymour,
que l'on vantait pour ses prodigalités sur les boulevards,
où il jetait à la foule de l'or à pleines mains, des dragées
et des boniments insensés, *Milord l'Arsouille,* tel était son
surnom populaire, apporta tout à coup dans Paris comme
un vent de folies crapuleuses et d'orgies désordonnées.
En 1836, on organisa des mascarades satiriques de Louis-
Philippe, de ses ministres et de ses magistrats; on remuait
l'instinct frondeur de la foule. Pendant tout le carnaval,

lord Seymour, un dandy qui aurait pu être un fort de la halle, tenait son quartier général aux *Vendanges de Bourgogne;* c'est là que l'armée de la folie prenait ses mots d'ordre. Les masques, mâles et femelles, auxquels il prodiguait ses écus et ses horions, se livraient, sur son ordre, aux danses sauvages, aux festins, aux bacchanales les plus grossières. — On vit alors ces fameuses *Descentes de la Courtille,* ces hordes de masques dépenaillés qui se ruaient sur la ville, ces chicards, ces débardeurs, ces paillasses, ces charlatans qui du haut de leurs chars haranguaient la foule et faisaient du boulevard la succursale des journées carnavalesques les plus houleuses du *Corso* romain.

Ce besoin de se distraire, de noyer la tristesse, d'agiter tous les grelots de la folie, se retrouvait dans les bals champêtres de Paris et de la banlieue. Après le choléra de 1832, qui éclata le jour de la mi-carême et qui fit tant de victimes, on se rua au plaisir avec une philosophie anacréontique; on dansa à *Tivoli* qui existait encore, à l'*Ermitage,* à l'*Élysée-Montmartre,* aux *Montagnes françaises,* à la *Grande Chaumière,* ce paradis des étudiants où bouillonnaient et fermentaient toutes les passions politiques et sensuelles, où l'on devinait surtout le germe latent de toutes les révolutions futures, littéraires et gouvernementales.

L'étudiant confinait le plus souvent ses plaisirs à la *Grande Chaumière;* il y trouvait des ombrages touffus, des femmes et des fleurs; les chars roulaient sans trêve

19

sur les *Montagnes suisses* comme sur les *Montagnes françaises;* on montait sur des chevaux et des ânes de bois;
on y aimait enfin ces grisettes sentimentales, ces Mimi
Pinson dont on nous parle encore aujourd'hui comme des
types même de la grâce, de la gaieté et du désintéresse-
ment le plus pur, et qui, en définitive, ne valaient guère
mieux que les petites ouvrières et *trottins* de ce jour.

Maintenant, si l'on montait en *coucou* sur la place de
la Concorde par quelque beau soir d'été, on arrivait au
parc de Saint-Cloud où l'on trouvait un bal qui pouvait
hardiment défier tous les autres. « Nulle part, écrivait
Auguste Luchet — dans le *Nouveau tableau de Paris au*
XIXe siècle, — vous n'eussiez trouvé tant de richesse et
d'élégance. Ce que la cour et les ambassades, ce que les
châteaux et les maisons de plaisance de la magnifique
vallée possédaient de jolies femmes et de fashionables
cavaliers, s'y donnait rendez-vous fidèle entre neuf et dix
heures du soir. C'était un parfum de noblesse qui se
répandait au loin; c'était une foule imposante et hautaine,
en dépit de ses efforts pour paraître aimable et douce,
pour n'effrayer personne et se mettre obligeamment à la
portée de tout le monde. Quand la dernière voiture publique
était partie, quand il n'y avait plus à craindre de trop
déroger, de se mésallier monstrueusement, la noble foule
s'ébranlait alors et dansait comme une bourgeoise, sur la
terre dure, sous un toit de marronniers, éclairé par des
quinquets rouges, au son d'une musique de guinguette.
Une femme, connue seulement alors pour la plus aimable
des femmes; une femme, l'âme des plaisirs, la reine des
fêtes de la Cour, la duchesse de Berry, enfin, présidait aux
pompeux quadrilles. Sa présence joyeuse, animée, chassait
l'étiquette, chiffonnait les cravates diplomatiques, amenait
de force le sourire sur des physionomies jusqu'alors impas-

sibles. Cédant à cette entraînante impulsion, la courtisa-
nesque multitude jetait bas sa morgue et s'essoufflait à
suivre la duchesse. Heureux alors les obscurs jeunes gens
qui, bravant le risque de revenir à pied ou de ne pas revenir du tout, avaient osé tenter la concurrence de cette fin
de bal avec les gardes du corps; quelles belles histoires à
raconter le lendemain! quel plaisir de chercher et de deviner dans l'Almanach Royal le nom et la demeure de leurs
danseuses inconnues! »

Nous ne parlerons que pour mémoire des bals du Ranelagh, d'Auteuil, de Bellevue, de Sceaux et du bal de *la
Tourelle* au bois de Vincennes, où jeunes femmes, jeunes
filles, personnages grisonnants, adolescents glabres, céli-
bataires hirsutes, citoyens de toutes classes et de tout
rang, dansaient pêle-même, par un besoin instinctif ou
bien plutôt pour faire comme tout le monde, à la façon
des éternels moutons de Panurge.

La grande et incomparable journée des coquettes, des
élégantes et des mondaines, c'était Longchamps. — Longchamps avec ses triples files de voitures bordant les boulevards depuis la fontaine de l'Éléphant jusqu'à la porte
Maillot, avec ses groupes de cavaliers, ses types de fashionables du jour, allant, venant, se croisant et caracolant
autour des calèches au fond desquelles on apercevait des
plumes, des fleurs et des sourires de femmes. Ce jour,

c'était la grande revue de la Mode et toute l'armée de la
fashion était sur pied : c'était la fête favorite des élégants,
des curieux et des désœuvrés ; les uns allaient à Longchamps pour faire admirer leurs gracieuses toilettes, leurs
jolis équipages et leurs chevaux fringants ; les autres, pour
critiquer les heureux du moment et médire du prochain,
ce qui fut très bien porté de tous temps,
et très édifiant dans le moment du carême
et pendant la semaine sainte.

Longchamps était resté le rendez-vous
de toutes les vanités, de toutes les prétendues célébrités et notabilités du
moment. Sur la chaussée roulaient, en brillants équipages à
quatre chevaux, les opulents seigneurs de petite ou de vieille
noblesse, les pleutres orgueilleux
de leurs richesses, les magistrats
vaniteux de leurs fonctions, les
courtisans infatués de leur faveur
éphémère, les brillants militaires,
pimpants, coquets, sanglés avec
crânerie dans leur bel uniforme
d'état-major.

De chaque côté de cette nouvelle voie Appienne, s'avan-
çaient lentement les calèches, les coupés, les landaus, les
berlines. Quelques-unes de ces voitures étaient remplies
de femmes jeunes, jolies, parées, désireuses de plaire,
enivrées d'éloges et jetant à peine un regard sur la foule
pédestre qui s'arrêtait pour les admirer ; d'autres renfer-
maient de jeunes ménages avec de jolis enfants à la figure
fraîche et riante ; enfin, dans le tilbury, dans le stanhope
ou dans le tandem, on voyait les fashionables, les dandys,

les hommes à la mode et à bonnes fortunes, lorgnon à l'œil, camélia à la boutonnière, fiers si une coquette avait daigné prendre place auprès d'eux dans une de ces voitures fragiles et dangereuses. Parmi ces rangées de véhicules, des cavalcades nombreuses passaient galopantes, ne laissant voir dans une légère envolée de poussière qu'un habit rouge ou marron, l'éclat d'un éperon, le brillant des harnais ou la pomme d'or d'une cravache.

Les spectateurs, assis modestement sur les bas côtés de la route, regardaient défiler toutes ces célébrités, toutes ces ambitions, tout ce luxe, toute cette ostentation de richesses. Souvent, de cette foule, magistrature populaire assise, il s'élevait une voix qui racontait sans détours l'origine de telle ou telle de ces fortunes nouvelles, si rapides et si extraordinaires, et les honnêtes gens se consolaient de se montrer en simples curieux devant cette mascarade humaine si tristement composée de luxe, de misère, d'orgueil, de poussière et de boue, d'envie et de plaintes, de bassesses et de vilenies.

La foule allait, venait grouillante derrière le rang des chaises ; on reconnaissait dans cette cohue le tailleur ou la couturière, la modiste, la lingère ou la brodeuse, le bottier et les femmes de chambre ; tout un petit monde paré et endimanché qui venait juger de l'effet des habits, des chapeaux, des robes, des rubans, des souliers fraîchement sortis de leurs mains habiles et ingénieuses.

Quelques *citadines* numérotées circulaient presque honteusement dans cette cohue immense qui débouchait

de tous les côtés de Paris, foule rieuse, jalouse de plaire,
moqueuse ou approbatrice, qui saluait au passage le fronton de la Madeleine et l'Obélisque dont Louqsor venait
de nous doter. Durant trois jours Longchamps triom-
phait; on n'allait plus, comme autrefois, en pèlerinage
jusqu'à l'antique abbaye qui avait donné son nom à cette
promenade consacrée, on s'arrêtait au Bois et l'on revenait à la queue leu leu des équipages,
parmi lesquels on remarquait particuliè-
rement l'éternel carrosse vert Guadal-
quivir de M. Aguado, tout par-
semé de couronnes de marquis,
chargé d'argent ciselé et décoré
de glaces, espèce de cage à *ex-
voto* qui aurait pu figurer dans
une procession. On se montrait
aussi les deux équipages de
M. Schickler, le premier attelé
en calèche tirée par quatre magnifiques chevaux bais, montés
par des jockeys dont la livrée
étincelait de broderies d'or ; le
second, une berline somptueuse, dont les gens portaient
la grande livrée blanche. Rien ne manquait aux splendeurs de cette exhibition, pas même ce joli équipage rose
et argent de *Justine,* si bien décrit par Louvet dans le
Longchamps de *Faublas;* seulement ce n'était plus alors
la soubrette de la marquise de B..., que l'on voyait dans
cette mirifique voiture, et le carrosse n'avait plus ni la
forme rococo d'une conque marine, ni les tendres couleurs
du siècle dernier, c'était quelque jeune actrice en vogue
dont on admirait, sous le chapeau à larges bords, la tête
mutine avec ses touffes de cheveux à la Kléber qui tom-

baient délicieusement sur les oreilles et dans le cou et lui donnaient un air *frénético-romantique.*

On n'entendait de tous côtés que les noms de *Victorine,* de *Burty,* de *Gagelin,* de *Palmyre,* de *Mme Saint-Laurent* et *Herbaut,* les modistes et couturières en renom ; puis, dans les conversations de femmes, on surprenait des mots de Chalys-Kachemires, de crépons d'Indoustan, de batistes du Mogol, de mousselines de Golconde, de gazes de Memphis, de Chine agate, de tissus de Sandomir, de foulards de Lyon, de laines du Thibet, toute une géographie de la mode qui, elle aussi, avait ses *orientales;* on faisait l'énumération des plus jolis modèles de printemps et des étoffes nouvelles, — on discutait sur le bon goût et l'élégance suprême; — Longchamps était le grand bazar mouvant où toute belle Parisienne allait concevoir et rêver de ses prochaines toilettes.

Peu à peu, à dater de 1835, Longchamps, tout en gagnant sous le rapport moral, perdit beaucoup de son aspect de somptuosité ; il dépouilla la pourpre pour se bigarrer des mille nuances de la société; les modes ne s'y mélangèrent pas moins que les rangs. La jolie bourgeoise vêtue de tarlatane coudoya les riches étoffes brodées, la moitié des femmes réfugiées sous l'incognito de leurs négligés n'y vint plus que pour observer l'autre ; sensiblement la pompe et la spécialité de cette promenade d'apparat s'affaiblit et il fut permis d'y paraître sans toilettes élégantes ni nouvelles. Longchamps fut enfin définitivement détrôné par les Courses.

La mode ne serait plus à la mode si elle ne changeait

pas, plusieurs fois par siècle, jusqu'au mode même de ses
manifestations.

Toutefois, il serait bon, à notre avis, de déployer plus
largement que nous ne l'avons fait ici le long défilé pittoresque des femmes élégantes de 1830 à 1835. — Après les
belles créatures plantureuses du premier Empire, on peut
dire que les petites reines de l'âge romantique ont montré
des trésors d'élégance délicate et affinée, des compréhen-
sions exquises de goût, de toilette et de recherches intimes;
elles sont plus près de nos sensations, de nos inquiétudes,
de nos nerfs, de notre cérébralité, de notre psychologie,
en un mot, que ne le sont les *Lionnes* de 1840, les rêveuses
trop distinguées de 1850 ou les cocodettes du second
Empire. Nous devons à ces grand'mères une étude atten-
tive et minutieuse. Celui qui l'entreprendrait tout entière
avec talent et observation y gagnerait, avec une réputation méritée, l'estime de tous les féministes inquisiteurs
et subtils.

CHAPITRE VI

LIONNES ET FASHIONABLES

20

CHAPITRE VI

LIONNES ET FASHIONABLES

Le luxe et le bel air des femmes.

EN L'AN DE GRACE 1840

A L'HOTEL de Rambouillet, on nommait *Lionnes* les femmes fauves de chevelure qui, comme Mlle Paulet, furent des intransigeantes aux bas d'azur et raffinèrent sur les mots et sur les sentiments jusqu'à la préciosité la plus subtile. Après 1840, la *lionne* fut le type accusé de la femme à la mode, l'élégante frénétique et agitée dans le désert de sa mondanité, le parangon de la maîtresse souple, sauvage, ardente et folle dont Alfred de Musset avait baptisé la fringance et la pâleur andalouse en dénichant une rime imprévue à Barcelone et à Automne. Vers ce moment, le *Lion* régnait

depuis longtemps par son dandysme galant sur le boulevard et même dans les lettres. Frédéric Soulié venait de
publier *le Lion amoureux* et Charles de Bernard *la Peau
du Lion*. Il y avait comme un engouement pour les appel-
lations puisées au Jardin zoologique du roi. On disait de
son amante : *Ma tigresse*, de sa danseuse : *Mon rat*, de
son groom : *Mon tigre;* et les élégants ou merveilleux
du jour mettaient dans cet argot nouveau et
zoolatrique tant de conviction que le roman,
servile miroir des mœurs du temps, s'en res-
sentait. Un conte de l'époque débute ainsi :
*Le Lion avait envoyé son tigre chez son
rat.*

Toute la ménagerie, on le voit, était à la
mode; une *Physiologie du Lion* s'impo-
sait, et elle parut bientôt sous la signature de Félix Deriège, avec des dessins
de Gavarni et de Daumier.

Dans son introduction biblique, l'auteur nous initie on ne peut plus ingé-
nieusement à la genèse du farouche
Roi de la mode nouvelle.

Écoutons-le plutôt :

« Au commencement, une foule de créatures charmantes ornaient les diverses contrées du monde élégant.

« Et la Mode vit qu'il manquait un Roi à tous ces
êtres qu'avait formés son caprice.

« Et elle dit :

« Faisons le Lion à notre image et ressemblance !

« Que le Boulevard soit son empire !

« Que l'Opéra devienne sa conquête !

« Qu'il commande en tous lieux du faubourg Montmartre au faubourg Saint-Honoré. »

« Et le Lion parut.

« Alors il assembla ses sujets autour de lui et donna son nom à chacun en langue fashionable.

« Il appela les unes *Lionnes,* c'étaient des petits êtres féminins richement mariés, coquets, jolis, qui maniaient parfaitement le pistolet et la cravache, montaient à cheval comme des lanciers, prisaient fort la ciga-rette et ne dédaignaient pas le champagne frappé.

« Un chasseur gigantesque avait cou-tume de les accompagner, simplement pour prévenir de dangereuses querelles entre *lions* et *lionnes,* en montrant les crocs de sa moustache, et éviter aussi l'effusion du sang.

« Il nomma quelques-uns de ses sujets *Panthères.* Ces féroces Anda-louses, aux allures ébouriffantes, à l'œil de feu, se font remarquer par l'étalage luxuriant de leur coiffure, l'exagération de leurs crinolines, et cherchent incessamment sur l'as-phalte un équipage à conquérir et un cœur à dévorer.

« Il y en eut auxquels il imposa la dénomination de *Tigres,* sans qu'ils aient mangé personne (*les grooms*) ; au contraire, l'obéissance, la soumission est leur pre-mière vertu ; leur chapeau à cocarde noire, leurs bottes à retroussis, leur veste bleue et leur gilet bariolé couvrent des gamins arrachés aux plaisirs de la *pigoche.*

« Enfin, d'autres reçurent le nom de *Rats,* sylphes rongeurs d'une nature extrêmement vorace, souples, du reste, séduisants, capricieux, qui laissent tomber le ciel de l'Opéra sur l'asphalte du boulevard.

« Et la Mode vit que son ouvrage était bon. »

On remarqua plusieurs espèces de lionnes : la *lionne mondaine,* la *lionne politique* et la *lionne littéraire :* toutes avaient la même origine; Alfred de Musset était le véritable parrain nominal de la Lionne, et George Sand pouvait se dire la marraine, l'instigatrice morale de cette nouvelle série de femmes singulières qui montraient toutes les audaces, toutes les excentricités imaginables : le premier, nous l'avons fait remarquer plus haut, avec sa fameuse chanson : *Avez-vous vu dans Barcelone...* baptisa cette multitude de petites créatures farouches, fougueuses, indomptées, que la réaction romantique avait créées; la seconde, par ses romans de révoltée, tels que *Valentine, Indiana, Lélia* et autres, mit au cœur de toutes les prétendues victimes de l'amour des idées de revendication, d'indépendance, de virilité, qui ne masculinisèrent que trop vite ces jolis démons en jupon. — La Lionne fut ainsi la prédécesserice de la *Vésuvienne,* qui joua dans la *République des femmes,* quelques années plus tard, un rôle d'anandryne anarchiste des plus curieux à étudier et dont voici un couplet du *Chant du départ :*

> Vésuviennes, marchons, et du joug qui nous pèse,
>   Hardiment affranchissons-nous !
> Faisons ce qu'on n'osa faire en quatre-vingt-treize,
> Par un décret tout neuf supprimons nos époux !
>   Qu'une vengeance sans pareille
>   Soit la leçon du genre humain.
>   Frappons ; que les coqs de la veille
>   Soient les chapons du lendemain.

La femme de 1830 avait été comme une sensitive sentimentale; son imagination, exaltée par les romans de Walter Scott et les poèmes de lord Byron, ne rêvait que dévouement, sacrifices, douleurs, tendresses infinies. Elle

s'exaltait le cœur et l'esprit dans les fictions les plus
noires, et toute son esthétique consistait à paraître pâle,
amenuisée par une souffrance muette, immatérielle et
diaphane; elle ployait comme un roseau flexible au souffle
de l'amour, elle acceptait le sort qui faisait d'elle une
âme incomprise; mais la révolte n'entrait point en ses
sens; elle se flétrissait doucement comme une fleur délicate
meurtrie sur sa tige, espérant à peine une rosée
de bonheur pour la vivifier; elle demeurait
dans des torpeurs sans fin, dans des alanguis-
sements sans cause, qui lui paraissaient exquis.

La Lionne réagit contre cette anémie
de poitrinaire; elle se montra rugissante,
provocante et bondissante; elle agita sa
crinière, fit saillir ses griffes et sa poitrine, et, avec le libre exercice de ses
muscles, le sentiment de sa force, elle
se lança dans l'arène parisienne. —
Elle sut monter à cheval, à la façon
arabe; sabler le punch brûlant et le
champagne frappé, manier la cravache, tirer l'épée, le pistolet, fumer
un cigare sans avoir de vapeurs, tirer l'aviron au besoin;
ce fut l'enfant terrible de la fashion, et dans tous les boute-
selle de la vie, on la put voir alerte, fringante, intrépide,
ne perdant point les étriers.

_La Lionne, tout en prétendant au partage de la puis-
sance, ne rechercha ses franchises illimitées que dans les
diverses pratiques de la vie fashionable; elle sut rester
femme au débotté et retirer ses éperons en l'honneur de
ses favoris. Elle allia très aisément le sport, le turf, le
plaisir et l'élégance et fit sa lecture du Journal des Haras,
du Journal des Chasseurs et du Petit Courrier des dames.

Elle comprit tous les luxes, toutes les délicatesses et le confortable de l'intérieur; — demandons plutôt à Eugène Guinot de nous introduire dans l'antre d'une lionne:

« Nous voici dans un petit hôtel nouvellement bâti à l'extrémité de la Chaussée d'Antin. Quelle charmante habitation! — Admirez l'élégance de ce perron, la noblesse de ce péristyle, le choix de ces fleurs, la verdure de ces arbustes exotiques, la grâce de ces statues. Peu de lionnes ont une plus belle cage... mais, hâtons-nous, l'hôtesse vient de se réveiller : elle sonne sa femme de chambre qui l'aide dans sa première toilette du matin. Son appartement mérite une description : il se compose de quatre pièces décorées dans le style du moyen âge. La chambre à coucher est tendue en damas bleu et meublée d'un lit à baldaquin, d'un prie-Dieu, de six fauteuils et de deux magnifiques bahuts, le tout en bois d'ébène admirablement sculpté; des glaces de Venise, un lustre et des candélabres en cuivre doré, des vases et des coupes d'argent ciselé avec un art infini et deux tableaux, une *Judith* de Paul Véronèse et une *Diane chasseresse* d'André del Sarto, complètent cet ameublement. Le salon est surchargé d'ornements, de meubles, de peintures de toutes sortes; on dirait d'une riche boutique de bric-à-brac; ce que l'on remarque surtout dans cet amas d'objets divers, ce sont les armes qui tapissent les murs : des lances, des épées, des poignards, des gantelets, des casques, des haches, des morions, des cottes de mailles, tout un attirail de guerre, l'équipement de dix chevaliers. Le boudoir et la salle de bains ont la même physionomie gothique, sévère et martiale.

Rien n'est plus étrange que le désordre d'une jolie femme au milieu de ces insignes guerriers et de ces formidables reliques du temps passé : une écharpe de dentelle suspendue à un fer de lance, un frais chapeau de satin rose suspendu à un pommeau de rapière, une ombrelle jetée sur un bouclier, des souliers mignons bâillant sous les cuissards énormes d'un capitaine de lansquenets [1]. »

La Lionne n'apporte pas dans son costume le même sentiment d'archaïsme que dans ses appartements; au milieu de ses fausses splendeurs gothiques, une élégante romantique de 1830 se fût montrée en robe traînante à la Marguerite de Bourgogne ou bien parée comme la châtelaine de Coucy; elle eût arboré la ceinture de fer et les bijoux d'acier, mais la fashionable, à dater de 1840, est plus positive, tout en restant moins dans la couleur locale. — Le matin, au lever, elle pose sur sa tête un bonnet de batiste à petites bardes, bordé d'une valenciennes badinant tout autour; pour vêtement, une robe de chambre en kachemire de nuance claire avec corsage montant et dos en éventail. Cette robe, fermée de haut en bas à l'aide de petits brandebourgs, manches larges à la Vénitienne, très ouvertes de l'orifice; en dessous, la coquette

1. *Les Français peints par eux-mêmes.* Paris, Curmer, 1841, t. II.

21

laisse voir une chemise amazone avec collet à l'anglaise,
à petits plissés formant jabot sur le devant; aux pieds,
elle traîne à plaisir des *nonchalantes* brodées en soutaches
éclatantes.

C'est ainsi qu'elle reçoit le matin ses gens, ses grooms,
son valet de pied, son sellier, ses couturières et ses
modistes. Avec un petit air garçonnier, elle traite de toutes
choses comme un gentleman; elle s'informe de ses chevaux, vérifie les mémoires de son armurier, de sa lingère,
de son tailleur, de sa marchande de modes et de son bottier; elle établit le compte de Verdier, de Humann, de
Gagelin, de Lassalle ou de Salmon; elle donne quelques
instants à son fleuriste, puis passe dans son boudoir pour
se livrer à un second négligé quelque peu rehaussé pour
ses amies qui la viendront visiter.

Le bonnet, cette fois, sera très petit, composé d'un
aunage de dentelles gothiques, deux papillons s'arrondis-
sant au niveau des jones et que séparent des coques de
ruban de gaze. La mode des bonnets est alors universelle;
on en fait de toutes formes; ils s'adaptent à toutes les
toilettes, à toutes les circonstances. — Elle se fait passer
un peignoir à jupe ouverte, en tissu foulard d'un nouveau
genre, aussi remarquable par sa force et sa souplesse que
par la franchise de ses nuances; le dos en est froncé, on
voit des plis dans l'épaulette et dans la ceinture, qui est
fermée à l'aide d'une boucle d'or. En dessous, une jupe en
pékin, de côté à trois volants festonnés; aux mains des
mitaines lacées en moire. La Lionne reçoit alors ses amies,
et l'on se met à table, pendant que messieurs les maris
déjeunent au café de Paris. Le repas est copieux et solide;
nos fashionables ont les dents longues : les huîtres, le cha-
pon truffé, les entremets disparaissent comme de simples
bagatelles; il faut soutenir l'honneur du nom, montrer un

appétit léonin et se donner des forces et du montant pour supporter les fatigues du jour. Les griffes ne restent pas en place, d'autre part, et le prochain est légèrement lacéré dans ces conversations que nous écouterons avec l'oreille du physiologiste Guinot:

« Que dit-on de nouveau? — Peu de chose, ne sommes-nous pas dans la morte saison du scandale! — Avez-vous lu le dernier roman de Balzac? — Je ne lis jamais de roman. — Ni moi. — Ni moi. — Ni moi. — Le vicomte de L... a donc vendu son cheval gris? — Non, il l'a perdu à la bouillotte, et c'est là le plus grand bonheur qui lui soit arrivé au jeu! — Comment! perdre un cheval qui lui avait coûté dix mille francs, tu appelles cela du bonheur? — Dix mille francs, dis-tu? il lui en coûtait plus de cent mille, et voilà bien ce qui fait qu'il a joué à qui perd gagne. M. de L*** était pour son cheval d'un amour-propre excessif et ridiculement opiniâtre; il acceptait et il provoquait sans cesse des paris énormes; le cheval était toujours vaincu, mais ces défaites n'altéraient en rien la bonne opinion que le vicomte avait conçue de cette malheureuse bête, si bien que cet aveuglement lui a enlevé quatre ou cinq mille louis en moins d'un an. — Je ne le croyais pas assez riche pour soutenir une aussi mauvaise chance. — Avez-vous entendu Mario, lundi dernier? il a chanté comme un ange. — Et le ballet nouveau? — Il serait parfait si nous avions des danseurs; car de beaux danseurs sont indispensables dans un ballet, quoi qu'en

disent nos amis du Jockey's Club, qui ne voudraient voir que des femmes à l'Opéra. — Mme B... a-t-elle reparu? — Non, c'est un désespoir tenace; elle regrette le temps où les femmes abandonnées allaient pleurer aux Carmélites; mais nous n'avons plus de couvents à cet usage, et c'est fâcheux, car rien n'est plus embarrassant qu'une douleur qu'il faut garder à domicile. — Pourquoi n'imite-t-elle pas Mme d'A..., qui ne porte jamais que pendant trois jours le deuil d'une trahison? — L'habitude est si féconde en consolations! — A propos de Mme d'A..., on assure que le petit Roland est complètement ruiné. — Que va-t-il devenir? — Il se fera maquignon. — C'est dommage! il excellait au *steeple-chase*. — N'a-t-il pas eu un cheval tué sous lui? — Oui, *Mustapha*, au capitaine Kernok, mort d'une attaque d'apoplexie foudroyante en traversant la Bièvre dans une course au clocher. — Ton mari, comment se porte-t-il? Le verrons-nous aujourd'hui? — Je ne sais, il y a vingt-quatre heures que nous ne nous sommes rencontrés, et je ne suis pas allée chez lui par discrétion... Armand est mon meilleur ami, un garçon charmant, que j'aime de toute mon âme, et que pour rien au monde je ne voudrais contrarier; mais enfin je suis sa femme et cela suffit pour que nous gardions notre liberté réciproque. — Oui, ma chère belle, tu as raison, tes sentiments sont irréprochables et tes déjeuners sont comme tes sentiments...; qu'allons-nous faire à présent? — Si vous voulez, nous irons au tir aux pigeons à Tivoli, puis au Bois; il y a une course particulière, vous savez, entre

Mariette et *Leporello*. — Oui, nos chevaux de selle nous attendent à la porte d'Auteuil; nous irons les prendre en calèche. »

Ainsi se passe le déjeuner, dans un bavardage de sport insipide et presque exclusif; de littérature et d'art, pas un traître mot. La lionne fashionable semble ignorer que Victor Hugo vient d'entrer à l'Académie, que Musset publie des poèmes, que Lamartine s'est réfugié dans la politique, qu'Alphonse Karr cultive des *guêpes* malicieuses, que Mérimée, Gozlan, Théophile Gautier, Henri Heine, Alexandre Dumas et Soulié écrivent alors des chefs-d'œuvre de verve, d'esprit et de style; elle ne connaît Eugène Sue que par les mouchoirs *fleur de Marie* que *les Mystères de Paris* ont mis à la mode; elle ne parle que de courses et d'anglomanie. Peut-être, par genre, fera-t-elle quelques observations sur le talent de Rachel, tout en insinuant que, pour elle, la femme de génie, c'est l'incomparable Lola Montès, l'excentrique aventurière dont le nom déjà retentit à Vienne, à Berlin, à Munich et dans l'Europe entière.

Pendant que ses amies l'attendent en fumant le *cigarro de Papel,* la lionne revêt une amazone *fumée de Londres,* garnie de boutons à grelots et de brandebourgs; le corsage est à moitié ouvert sur la poitrine afin de laisser saillir la chemisette de batiste à jabot; les manches, demi-larges, prennent la moitié de l'avant-bras et ont un très haut poignet, que recouvre un gantelet en peau jaune — semblable à ceux des chevaliers, — retombant sur le poignet sans

cependant le cacher entièrement. Sous ce costume, elle se culotte d'un pantalon à sous-pieds et chausse des bottes mignonnes, munies d'éperons d'argent ; sur sa tête, elle campe un large feutre de castor, maintenu par une jugulaire de soie et dont la forme rappelle les chapeaux d'archevêque.

Voilà notre lionne et ses amies à Tivoli ; elle descend de sa *Clarence* ou de son *américaine*, relève son amazone sur le bras et entre d'un pas délibéré dans l'enceinte du tir aux pigeons, au milieu d'une assemblée de dandys et de sportsmen auxquels elle distribue des bonjours virils et des poignées de mains énergiques et cordiales, à la manière anglaise. Elle réclame une carabine, l'ajuste avec aisance et, tandis que son *tigre* en tient une seconde à sa disposition, elle abat un pigeon, puis deux, puis dix, puis vingt sur trente coups déchargés, fière de son succès et des murmures approbateurs qu'elle entend bruire autour d'elle. On remonte en carrosse ; à la porte du Bois, on enfourche des chevaux fringants, on enlève ses bêtes de la cravache et de l'éperon et on arrive au galop, bien en selle avec une assiette remarquable, sur le terrain des courses, au pesage, où l'on s'engage dans mille paris pour *Mariette* ou *Leporello,* après des discussions savantes sur le degré d'entraînement et la *performance* des favoris.

Les courses ne sont pas terminées que déjà la lionne galope de nouveau et revient à Paris, soit pour y assister à quelque séance d'escrime, — où elle fournira bravement son assaut, en faisant remarquer la finesse et la fermeté de son jeu, — soit pour se rendre à quelque établissement nautique, piquer une tête du haut de la girafe et montrer sa science dans les *brasses,* les *coupes,* la *planche* et toutes les gracieuses manifestations de la natation.

❊

La journée de la lionne n'est point terminée ; elle vient s'étendre quelques minutes dans son boudoir et fait disposer sa toilette de soirée : une robe en étoffe orientale avec manches *à la bédouine* ou *à la persane;* sur ses cheveux, coiffés en bandeaux ondés qui cachent l'oreille et tombent en coquettes frisures sur le cou, elle posera un bonnet grec ou des barbes en dentelles avec une rose de Bengale.

Le dîner servi chez la fashionable *sportswoman* est généralement somptueux et d'une belle ordonnance; comme les convives y sont nombreux, on y parle moins généralement chevaux, *match* et barrière du Combat ; la lionne y tient tête au lion et boit crânement comme les dragons de Ververt; elle n'est étrangère à aucune question mondaine ; elle passe en revue, une à une, non sans esprit critique, toutes les beautés du dernier bal de la liste civile ; elle s'extasie sur la musique exécutée au concert du duc d'Orléans, elle prodigue toutes les gammes de sa sympathie au talent de Virginie Déjazet et toutes les notes de son admiration à Fanny Elssler. Le chœur des lions lui donne la réplique ; à leurs regards, à leurs accents, à leurs sourires, on sent qu'ils la trouvent divine, *pyramidale, délirante* et *colossale.* Il est encore question des raouts donnés à l'ambas-

sade d'Angleterre, du comte d'Orsay, de la haute élégance
des bals de Mme d'Apony, des soirées ministérielles ; de la
fête des Polonais à l'hôtel Lambert et de la princesse Czar-
toryska ; de M. de Rambuteau, de la comtesse Merlin et
de leurs magnifiques réceptions ; enfin, on parle beaucoup,
au dessert, de la belle Mme Pradier ainsi que de ses réunions dansantes, pleines de distinction et d'attrait, où,
paraît-il — disent ces dames — toutes
les sommités littéraires et artistiques de
Paris se font gloire d'être admises.

A l'heure du café, la société léonine
passe dans un petit salon où les sièges
sont bas, moelleux et commodes ; la
lionne a emprunté le *confort* à nos
voisins d'outre-mer ; elle l'a étendu
à tout ce qui l'entoure : au service, à
l'ameublement et à la parure. Dans
ce salon-fumoir, où nos dîneurs se
trouvent réunis, ce ne sont plus
des grands canapés adossés contre
le mur, sur lesquels les femmes
de la Restauration s'alignaient
droites comme de petites pension-
naires, presque chagrines de l'obligation de ne pas changer
de voisines ; on n'y voit maintenant que des *Deux à deux,*
des vis-à-vis, des causeuses, de bons coussins, chefs-
d'œuvre de points à l'aiguille, sur lesquels on s'appuie après
les avoir admirés. Les tapis sont épais, les riches portières
font ressortir les meubles gothiques, et il semble que dans
ces porcelaines anglaises de la maison de Toy on savoure
mieux le café, que sur ces divans profonds la conversation
soit plus à l'aise, que ces groupes de faïence qui supportent
les bougies, que ces brûle-parfums disposés sur des trépieds

font la vie plus douce, plus reposante et aident en quelque
sorte au travail de la digestion.

Tout ce luxe caressant, cette enveloppe de tiède bien-
être ne suffisent point pour maintenir la Lionne dans sa
cage ; elle conduit sa société à l'Opéra, dans sa loge, entendre
un acte ou deux du *Comte Ory*. A son entrée, toutes les
lorgnettes se braquent sur elle ; il y a comme un remous
de têtes dans l'orchestre ; notre fashionable a fait
son effet. Elle pose sur le bord de velours de sa
loge son éventail de chez Duvelleroy,
son bouquet de camélias fourni par
Constantin, sa jumelle d'or fin, ses
boîtes à pastilles ; elle fait entendre
un frou-frou de soie et de velours, et,
placée confortablement, légèrement
renversée en arrière, elle commence, sans s'inquiéter de la
scène, à faire l'inspection de
la salle et du pourtour des
loges. De temps à autre, elle
fait un petit signe dis-
cret, un geste coquet de
la main ou un joli sourire
de connaissance ; elle détaille complaisamment les toilettes, retrouvant ici ou là le talent d'*Alexandrine* ou de
Mme *Séguin,* le bon goût de *Brousse* ou de *Palmyre,* le
savoir-faire de Mme *Dasse* ou la manière anglaise de
Mlle *Lenormand*. Elle remarque beaucoup de représentants
de la fashion : lord et lady Granville, la princesse de
Beauffremont, Mmes Duchâtel et Rambuteau, la princesse
Clémentine, Mme de Plaisance, Mme Lehon, Mme Aguado,
Mme Le Marrois, la comtesse d'Osmont, etc. Les femmes
et les diamants étincellent à chaque loge, c'est là qu'est

22

pour elle le spectacle ; que ce soient la Damoreau, Duprez
ou Roger qui se montrent en scène, peu lui importe ! Toute
son attention est accaparée par la composition de certaines loges ; elle essaye de deviner des intrigues, de compléter des anecdotes courantes, de créer des aventures
galantes. De temps à autre elle se renverse sur le dossier
de son siège, demandant à l'une de ses compagnes : *Con-
naissez-vous la personne qui est avec M*ᵐᵉ *X...?
— Comment ! M*ᵐᵉ *de Z..., toujours avec le petit
Rubempré?* Ou bien encore : *Oh! ma chère, cela
est inconcevable, voyez un peu cette vieille marquise de C... qui minaude scandaleusement avec
ce jeune blanc-bec...., elle n'attend donc pas
qu'ils soient formés.*

La lionne reste peu à l'Opéra ; elle compte
achever la soirée au faubourg Saint-Germain
ou à la Chaussée-d'Antin dans un bal ou
un thé intime ; elle mettra quelques louis à
la bouillotte, dévalisera un buffet ou lun-
chera copieusement, et, vers deux heures
du matin, elle regagnera son hôtel et se
couchera sans avoir trouvé une heure pour
penser, pour rêver ou pour aimer. — Toutes
ses journées se ressembleront ; le lendemain, elle reprendra
le même train, toujours active, agissante, surmenée physi-
quement ; elle ne songera qu'à la correction, qu'au bon ton
du jour, au *New fashioned ;* son mari, ses enfants tien-
dront moins de place que ses chevaux dans sa vie ; pour
ce qui est de son cœur, il est solidement *horlogé* et à mouvements réguliers ; ni lion ni dandy n'arrêteront ou ne
précipiteront son mouvement.

L'amour en 1840 ne se rencontre plus guère que dans
la bohème étudiante et dans le populaire ; on le retrouve

dans les idylles champêtres si joyeusement décrites par
Paul de Kock, ou bien encore dans les frissonnantes pages
de Murger, mais lions et lionnes ne l'admettaient point.
Le lion se donnait le genre d'être sous le charme de sa
Panthère, de son *Léopard* ou de son *Rat;* la lionne repo-
sait satisfaite dans sa force sportive et son cœur était aussi
ordonné que le pouvaient être ses écuries, mais elle ne
permettait pas qu'on y mangeât familièrement au râtelier.

En réalité, et pour nous résumer, en 1840, le dandysme
et la *fashionabilité* établirent dans la société un *cant,* ou
plutôt, comme nous disons aujourd'hui, un *snobisme*
d'autant plus insupportable, qu'il était artificiel et paro-
diait avec outrance les mœurs affectées d'outre-Manche.
Singerie n'est pas ressemblance, et comme l'écrivait, après
Carlyle, J. Barbey d'Aurévilly, on peut prendre un air ou
une pose, comme on vole la forme d'un frac; mais la
comédie est fatigante, le masque cruel effroyable à porter.
Lions et lionnes n'eurent qu'un faux reflet de *dandysme;*
ils sont un peu justiciables de la caricature, et Gavarni,
mieux que personne, a fixé leur ridicule dans les meilleures compositions grande mise en scène de son curieux
guignol social. — *Paraître ou ne pas être* fut la *devise* de
tous ces pantins. Nous n'essayerons pas, toutefois, à leur
sujet, d'ébaucher la philosophie de cette page de notre
histoire.

CHAPITRE VII

LA

FEMME COMME IL FAUT

EN 1850

CHAPITRE VII

LA FEMME COMME IL FAUT

Les distinctions

DE LA VIE MONDAINE EN 1850

LES dernières Lionnes avaient été emportées dans la tourmente de 1848 : les beaux jours du sport étaient passés ; les chevaux seuls couraient aux courses ; Chantilly était presque désert et l'hippodrome de la Croix de Berny ne comptait plus ses fidèles habitués.

Dans la République des modes, — on ne disait plus l'Empire de la mode, — deux écoles luttaient encore que Mme de Girardin avait décrites dans le *Vicomte de Launay*[1] : l'École tapageuse et l'École mystérieuse. La première ne

---

1. *Le vicomte de Launay*, lettres parisiennes, par Mme Émile de Girardin. Paris, M. Lévy, t. IV.

visait qu'à attirer les regards et à les éblouir, la seconde
n'avait pour but que de captiver et d'*intriguer* l'attention.
— On reconnaissait les *tapageuses* à leur maintien orgueil-
leusement évaporé : elles portaient leurs plumes en panache
et leurs diamants en diadème ; les *mystérieuses* se devi-
naient à leur attitude noblement réservée : elles portaient
leurs plumes en saule pleureur et leurs diamants en cache-
peigne, étouffés entre deux nattes de cheveux
ou bien en longues chaînes tombantes, perdues
entre les plis de la robe. Les unes voulaient
produire de l'effet franchement, impudemment ;
les autres semblaient rechercher l'obscurité
pour qu'on vînt les y chercher. — Le rôle
des premières était peu compliqué : il consistait à choisir des choses extraordinaires
que personne ne portât ; le jeu des secondes
était plus difficultueux et réclamait plus
de tact : il s'agissait de porter ce que personne n'avait osé porter et de paraître néanmoins aussi simples de mise que la généralité des femmes.

Quelques couturières avaient trouvé le
secret de contenter également ces ambi-
tions contraires et d'unir ces autorités rivales dans un
commun patronage. L'École mystérieuse trouvait chez ces
dames le vêtement frileux et pudique qui seyait à son caractère ; c'était parfois un petit manteau de velours noir, bordé
d'une passementerie modeste ; mais ce velours était magnifique, cette modeste passementerie montrait un travail
prodigieux et la coupe de ce manteau était du meilleur
goût et trahissait une main maîtresse ; l'avantage de cette
simplicité dans le beau était d'être toujours convenable.
Cachée par un tel manteau, une femme pouvait aller chez

ses riches et chez ses pauvres. Cette élégance hypocrite, à
luxe faux, ne pouvait choquer que les envieux connaisseurs ;
ce manteau était un véritable manteau d'héroïne de roman ;
il n'était pas couleur de muraille, mais il conservait comme
un suave parfum de distinction et d'incognito.

L'École tapageuse trouvait chez les mêmes tailleuses
d'autres vêtements qui convenaient à ses entreprises ;
c'était encore un petit manteau, mais garni de
soixante-dix mètres de dentelles, et qui ne convenait qu'aux jours de triomphe où l'on mettait dehors toutes les voiles d'une coquetterie
huppée.

La secte des mystérieuses, d'après Delphine Gay, avait des prétentions artistes
et choisissait pour ses modèles les peintres les plus célèbres. « Ainsi, dit le
spirituel auteur des *Lettres parisiennes,*
cette noble et sévère coiffure qu'on a tant
admirée à la dernière réception des ambassadeurs, ce charmant chapeau en velours grenat orné de plumes blanches
que portait Mme l'ambassadrice d'Angleterre, était copié d'après un portrait de
Rubens. Tout le monde parlait aussi de la belle coiffure de
Mme de M..., un voile léger drapé gracieusement au sommet
de la tête. — Chacun disait : Que c'est de bon goût ! que
c'est distingué ! que c'est nouveau ! — Nouveau ! c'est la
coiffure de la *Vierge aux raisins,* exactement copiée ; une
pluie d'or et d'argent tombée sur ce chaste voile a seule
changé la coiffure divine en parure mondaine. Et ce joli
petit bonnet de Mme de V..., en tulle blanc, orné de bouquets
blancs, sur lequel est jeté coquettement cette marmotte de
dentelle noire nouée sous le menton, il n'est pas de

Raphaël, mais il doit être de Chardin, de Lancret ou de Watteau, d'un de ces Raphaël rococo des plaisants jours de la Régence, à moins qu'il n'ait été composé d'après quelque bergère en porcelaine, ce qui serait encore plus classique. »

Les élégantes de l'École tapageuse protégeaient certaines couturières qui mettaient, avec un goût supérieur,

leur imagination au service d'une érudition précieuse ; ces artistes de haute envolée étudiaient la peinture et s'inspiraient de la littérature tragique, dramatique et mélodramatique. Elles assistaient aux premières représentations et ne manquaient pas aux expositions de l'Académie de peinture. Leurs corsages turcs ou grecs, leurs vestes polonaises, leurs tuniques chinoises, leurs dolmans hongrois, leurs amazones russes étaient tous inspirés par des documents sérieux, et, de tant de modes étrangères, elles faisaient une mode française délicieuse où rien ne choquait, tant étaient fondues les nuances et tant les festons et les passementeries étaient ménagés sobrement. C'était parfois

bizarre, audacieux, mais toujours joli. C'est une de ces
couturières qui fit pour le mariage de la reine d'Espagne
une robe de noce, ornée de douze couronnes, représentant
les douze Provinces des Espagnes. Palmyre vivait encore
de réputation, et plusieurs élégantes professaient le respect de son art et de son style. Tapageuses et Mystérieuses

étudiaient à son école, mais la reine des couturières de
1830 ne régnait plus de fait, il s'était formé à sa suite,
et à son exemple, une quantité de maisons rivales qui
remplissaient les journaux de modes de leurs réclames et
de leurs exploits. On citait partout Mlle Félicie, Mme Bau-
drant, Mme Quillet, toutes expertes héritières de l'Empire
florissant de Palmyre et d'Alexandrine.

La société parisienne fut livrée en 1850 aux plaisirs,
aux bals, aux réceptions et aux théâtres avec tant d'en-

traînement qu'on n'aurait pu supposer qu'une révolution
venait de changer radicalement la forme du gouvernement. On n'entendait parler que de bals et de soirées
brillantes : bals chez le Président de l'Assemblée, soirées
chez le Prince Président de la République, bals à l'Ambassade turque, bals chez les banquiers, bals dans le faubourg Saint-Germain, bals à l'Hôtel de Ville, bals au profit des pauvres, sans compter les bals d'actrices
qui étaient devenus à la mode et avec lesquels
ne pouvaient rivaliser ni l'aristocratie, ni la politique, ni la finance, ni l'administration.
C'était une fureur, une fièvre, un délire ;
il n'était démarches que les élégants ne
fissent pour être invités à ces raouts. Les
dames du monde, outrées de ces tendances
vers le théâtre d'une partie de leur société,
ne parlaient rien moins que de créer une as-
sociation entre les maîtresses de maison,
pour mettre en interdit les cavaliers qui auraient assisté à un bal d'actrices ; cette asso-
ciation compta même un très grand nombre
de signatures des plus marquantes du faubourg Saint-Germain, du faubourg Saint-
Honoré et de la Chaussée-d'Antin ; mais aucune mesure
vexatoire ne fut prise à l'égard des délinquants.

Mlle Alice Ozy avait inauguré l'ère de ces soirées d'actrices ; à sa suite étaient venues Mme Octave, du Vaudeville, puis Mlle Fuoco, danseuse à l'Opéra. La mode gagna
de proche en proche tous les théâtres ; Mme Doche, Re-
naud, Mlles Cerrito et Plunkett étaient au nombre des
plus enragées danseuses. La célèbre Atala Bilboquet,
veuve du saltimbanque, donna le soir de la mi-carême un
grand raout où l'on n'était admis qu'en culotte courte et

en souliers à boucles. Cette simple fantaisie faillit presque
faire abandonner les pantalons ; nos dandys, nos financiers, nos diplomates, nos artistes et nos gens de lettres
étaient ravis d'endosser cette culotte depuis si longtemps
proscrite et qui revenait en honneur. Jamais les théâtres
n'avaient été plus suivis et plus à la mode dans le monde ;
dans cette année 1850, on donna la *Charlotte Corday,* de
Ponsard, *la Queue du chien d'Alcibiade,* de
Gozlan ; *le Chandelier,* d'Alfred de Musset ;
les Amoureux sans le savoir, de Jules Bar-
bier et Michel Carré ; *les Contes de la reine de
Navarre,* de Scribe et Legouvé ; *Horace
et Lydie,* de Ponsart ; *le Carrosse
du Saint-Sacrement,* de Mérimée et
nombre d'autres pièces de Viennet, de
Monrose, de Plouvier, etc. — La Comédie-Française, qui avait à sa tête Arsène Houssaye, brillait d'un éclat sur-
prenant depuis longtemps oublié.

   La vogue revenait peu à peu au
Théâtre-Italien, où toutes les élégantes
se donnaient rendez-vous pour applau-
dir Mme Sontag, Colini, Gardoni et autres chanteurs
non moins célèbres ; l'Opéra était florissant et tous les
autres théâtres de la capitale étaient entourés de spectateurs avides de drames et de vaudevilles. Il n'était pas
dans le monde de conversation plus courante que celle
qui prenait pour texte la comédie et les acteurs. Parler
d'une pièce nouvelle, de la cantatrice ou de la danseuse
en crédit semblait d'une éloquence facile, et on ne manquait pas dans les salons d'aborder ce sujet après les
questions sur la pluie et le beau temps ; on parlait de la
Fiorentini dans la *Norma ;* de Duprez dans *Guillaume*

Tell; de Samson et de Geffroy dans *le Mariage de Figaro;* de Mme Allan et de Bressant dans *le Misanthrope;* de Frédérick Lemaître, de Rose Chéri et de Lesueur ; de Mélingue et de Mme Guyon et enfin du funambulesque pierrot Paul Legrand.

Le théâtre semblait avoir mordu les gens du monde à ce petit endroit sensible : la vanité. « Tout salon est un théâtre, — dit Auguste Villemot, dans une de ses spirituelles chroniques ; tout paravent, une coulisse — tout beau-père est un souffleur, — cet élégant *cabotinage* amuse beaucoup les femmes ; d'abord le tracas n'est plus l'ennui, c'est toujours cela de gagné ; — et puis il y a, dans la comédie de société, mille combinaisons, où le cœur ou l'amour-propre trouvent leur compte. Il y a tout le ménage des répétitions, les déclarations autorisées par la brochure, la main pressée, les compliments adressés au personnage et dont la comédienne fait son profit ; il y a enfin, le jour de la représentation, des toilettes pleines de fantaisie, un rôle qui rit, si on a de belles dents, et qui sourit seulement dans le cas contraire ; enfin toutes les évolutions de la beauté calculées par la grâce et la coquetterie. — On me cite, poursuit Villemot, une femme d'un très grand monde, beaucoup plus fière encore de son opulente chevelure blonde que de ses aïeux. Le rêve de cette femme est de représenter Ève. — Elle est à la recherche d'un Paradis perdu en prose ou en vers, et elle frappe à la porte de tous les poètes pour se le procurer. Un jeune et célèbre écrivain consent bien à se mettre à l'œuvre, mais il voudrait jouer le rôle du serpent qui est déjà distribué. En attendant, la dame joue toute espèce de rôle, pourvu qu'il y ait un évanouissement ; à ce moment ses cheveux se détachent tout naturellement, et l'effet est produit. »

Le Carnaval expirait au bruit des orchestres ; mais,
dès les premiers jours du carême, la société semblait se
recueillir et les élégances parisiennes se partageaient entre
les prédicateurs et les vanités du monde. — Des orateurs
de la chaire faisaient des campagnes bibliques contre les
frénésies du luxe féminin et contre la légèreté des mœurs ;
la littérature sacrée trouvait des images saisissantes, des
métaphores hardies, contre les modes — gonflées d'ini-
quités, — voulant peut-être parler ainsi des crinolines
naissantes, mais encore gracieuses et nullement encom
brantes. Les belles mondaines accueillaient ces torrents
d'éloquence avec une ferveur marquée et beaucoup de com-
ponction, promettant de s'amender et de refréner leur luxe
indiscutable ; elles songeaient à devenir simplettes et
décentes sous la perkale ou le modeste organdi, la seule
étoffe honnête, comme disait Balzac, dont le chiffonnage
ne peut pas s'effacer, mais, dès le vendredi saint, l'écho du
vieux Longchamps — qui n'existait plus guère qu'en souvenir — faisait encore revivre en elles la passion invétérée
de la mode du luxe et de la toilette.

Voyons un peu quels étaient les caprices et les fantaisies
de la fashion à cette date qui est comme le méridien exact
de ce siècle.

La révolution de 1848 n'avait pas apporté de notables
variations dans le costume en général ; tout au plus vit-on,
après les journées de février, quelques rubans tricolores
aux robes et aux chapeaux et plusieurs *manteaux Giron-
dins,* recouverts de trois petits lacés nuancés, faits de
mousseline avec garnitures festonnées ; mais rien d'excentrique ne parut dans le début de la seconde République. Le

bon ton était porté à la simplicité et les véritables élégantes s'appliquaient à suivre rigoureusement les modes
en se gardant bien de jamais les exagérer.

Il semblait nécessaire à une coquette mondaine d'avoir
chez soi, le matin, une jolie robe de chambre en cachemire doublée de soie et ouatée, à manches larges, à par-
dessus polonaise se séparant de la robe ; les sous-manches
de batiste ou jaconas brodées d'un entre-deux
en broderie anglaise, avec volant brodé de
même, posé en montant, du haut de l'entre-
deux, et formant fichu à jabot. D'autres robes
de chambre se faisaient en soie, satin à la
reine, damas, doublées de soie piquée, avec
ornements de dentelle, galon velouté ou
ruban.

Pour les sorties de la matinée, visite
ou promenade, on portait la redingote de
soie riche, damas, reps ou gros de Tours,
côtelé fond vert, noir, bleu, marron,
avec fleurs en guirlandes. Ces redingotes pouvaient se porter sans garnitures, de même qu'elles s'ornaient
à volonté de passementeries ou de dentelles de laine.

Comme coiffures, les modistes fabriquaient beaucoup
de capotes de taffetas couvertes de crêpe lisse ; d'autres
en taffetas ornés de blonde de soie ; quelques-unes, et non
des moins jolies, étaient recouvertes de taffetas à grosses
coulisses placées en rivière sur la passe, le bord orné d'un
triple rang de petites blondes de soie. Sur ces chapeaux,
on posait des fleurs en velours : pensées, oreilles-d'ours et
primevères. — Pour les bonnets, jamais peut-être on n'en
conçut de plus coquets, de plus légers, de plus vaporeux ;
c'étaient des blondes de soie tournées en spirales avec

grappes de fleurs sur les côtés; des ronds de blonde posés
sur des demi-guirlandes de volubilis roses dont les menues
branches tombaient en arrière dans la chevelure, des malines enroulées avec des petits canons de rubans, des
mignonnes coiffures de point d'Angleterre ou de Chantilly
arrangées avec un goût incomparable et qui donnait aux
physionomies des femmes — grâce à la simplicité de la
chevelure et du costume et grâce aussi au tablier de soie qui se portait souvent au logis
— un petit air décent, piquant, bizarre, un je
ne sais quoi qui tenait à la fois de la soubrette
et de la grande dame. On fit revenir en vogue
les chapeaux de paille de Florence ornés de
plumes d'autruche, de marabouts, de tu-
lipes, de roses, de lilas, de muguets ou de
fines guirlandes de liserons.

Dans les journées d'été, les mondaines
adoptaient les robes de barège à disposition, ou des robes plus simples en perkale, jaconas et brillantine à fond blanc
avec grands dessins perses. Les petites
femmes, qui craignaient de disparaître
sous l'ampleur des jupes garnies de trois volants, ne portaient qu'un seul volant à tête terminant la jupe. On
voyait de fraîches robes de mousselines de coton, fond
rose à dessins blancs, des canezous blancs avec jupons de
taffetas, des redingotes de piqué blanc, des châles de crêpe
de Chine fond blanc ou de couleur, brodés de dessins de
toutes nuances d'une très grande richesse, représentant
des pagodes habitées, des oiseaux fantastiques, des semés
de fleurs, toute la profusion d'ornements décoratifs du
Céleste Empire. Comme châles simples, les dames jetaient
sur leurs épaules de larges tulles blancs, imitant la den-

24

telle de Valenciennes, la dentelle ou la guipure ou bien
des châles de taffetas noir à bordures brochées de palmes,
rappelant les broderies turques et les cachemires à broderies de soie.

Les robes de bal défrayaient principalement l'imagination des couturières. Ces robes étaient très amples et
garnies du bas, de manière à leur faire décrire un très
grand cercle ; ce que l'on supprimait sur le haut se repor-
tait sur le bas, aussi les robes ornées de volants en dentelle étaient garnies au bas de trois ou quatre bouillonnés
de tulle, et les volants se posaient au-dessus ; toutes les
garnitures étaient disposées de manière à faire évaser les
jupes. Pour les demi-toilettes, les corsages décolletés sur
le devant en carré devenaient généralement fort prisés des
élégantes ; ces corsages se prêtaient à beaucoup d'ornements : dentelle, blonde, bouillonnés de tulles froncés,
rubans, passementeries et le reste. Une gravure nous en
représente un de damas gris perle, dont le devant était
orné de bouillonnés de tulle, traversés chacun par un ruban
qui venait se nouer au milieu ; le tour de la robe était orné
d'une blonde encadrant le devant du corsage, surmonté,
auprès du décolletage, d'un bouillonné de tulle ; les manches
étaient bordées de deux rangs de blonde et garnies des
mêmes bouillonnés qu'au corsage. — Les journaux de
modes, rien que pour 1850, donnent plus de 1,800 modèles
de robes de bal différentes. Les sorties de bal doublées de
fourrure ou de soie piquée et bordées de fourrures étaient
alors très employées.

Les coiffures à la Marie Stuart rivalisaient avec les
coiffures à la Valois, adoptées par les jolies femmes qui
faisaient partie de cette école des *tapageuses* dont nous
parlions plus haut. Dans la coiffure à la Valois, les cheveux se relevaient comme pour la coiffure à la chinoise ;

ils se retroussaient en bourrelets tout autour du front. Partout on voyait des guirlandes de fleurs mélangées de blonde se mêler aux cheveux. Il existait, d'après M. Challamel, plusieurs genres de coiffure : la coiffure Druidique se composait de chêne vert ; la coiffure Néréide comprenait toutes les fleurs aimées des naïades ; la coiffure Léda était en petites plumes d'oiseau de Barbarie ; la coiffure Proserpine se faisait avec des fleurs des champs, rappelant ainsi Proserpine avant son enlèvement ; la coiffure Cérès montrait les attributs ordinaires de la bonne Déesse.

Comme bijoux, on portait de grandes chaînes de grosses perles, sans fermoir, qui, après avoir fait le tour du cou, venaient retomber à la hauteur de la ceinture ; puis des bracelets en marcassite, en émail, en diamants, en camées ; enfin, pour relever la blancheur du cou, on s'attachait des colliers de velours de la largeur de deux doigts. Beaucoup de bijoux étaient en émail vert, en émail or et perles, en bleu argent oxydé. — Les épingles des bonnets, les broches, avaient des pendants de perles ou de diamants. Comme la vogue des manches *Pagodes* était revenue, on avait pris l'habitude des *brassards* en velours ou en rubans, dont les choux et les nœuds cachaient entièrement le poignet. — Après cette pénible nomenclature de chiffons divers, exhumés avec l'aide des courriéristes de modes agréables et utiles encore à consulter, respirons enfin et passons outre. En jetant un dernier regard sur la Société de 1850 :

Parmi les fashionables et les mondaines, on citait Mmes Wolowska, la comtesse de Villars, Mmes Eugène

Scribe, Victor Hugo, Anicet Bourgeois, Paillet, Achille
Fould, la comtesse Le Marrois, la comtesse de Vergennes,
la marquise de Las Marismas, Mmes de Crussol, de Vogué,
de La Rochefoucauld, de Caraman, Decazes, de Villeneuve,
enfin la plupart des futures grandes dames qui brillèrent
sous le second Empire.

En cette heureuse année 1850, — sur laquelle nous
venons de jeter si subrepticement un simple
clignement d'œil, — rien ne troublait la séré-
nité publique; on pouvait se livrer au plaisir
sans inquiétude d'aucune sorte, sans crainte
du lendemain; on ne parlait que de la direction des ballons, des projets de M. Pétin et
de la frégate aérienne l'*Éola* sur laquelle
un Espagnol, M. Montemayor, fondait les
plus grandes espérances. — La Californie
et ses mines d'or troublaient aussi beaucoup de têtes; bien des femmes songeaient à se rendre à San-Francisco :
leur imagination leur faisant voir ce
pays nouveau comme un royaume
féerique où elles pourraient naviguer
sur des rivières de diamants ou s'enfouir jusqu'au cou
dans des carrières de pierres précieuses.

L'année 1850 vit disparaître le dernier dilettante excentrique qu'on ait vu à Paris, le pauvre Carnavale. Après lui,
on ne vit plus sur nos boulevards d'originaux autrement
vêtus que de noir et marchant plus ou moins sur les pas
de la mode. — Carnavale n'était pas un dilettante ordinaire; — c'était un symboliste et aussi un harmoniste;
ses costumes variaient selon le temps, selon la couleur de
son esprit et suivant les représentations du Théâtre-Italien. Il portait un habit jaune serin les jours où on jouait

Il Barbiere, une jaquette vert pomme le jour de *Tancredi,*
une redingote rouge les jours de *Semiramide* et bleu ciel
lès jours de *Lucia.* Il se montrait avec des rubans au cou,
des ceintures flottantes, des fleurs et des plumes au chapeau, le tout par un pur esprit de dilettantisme que nos
mages *sars* et esthètes modernes n'ont pu faire oublier.

Carnavale, l'ami de la Malibran, de M. Laffe, de
Bellini et de Napoléon III, cessa d'égayer la vue des habitués du Théâtre-Italien et de la Bibliothèque Nationale. Au
milieu de ce siècle, il disparut, s'éteignit comme une lan-
terne multicolore, comme un dernier reflet du romantisme.
— A dater de 1850 le siècle semble, hélas ! définitivement voué au gris. — C'est le *requiescat* de la fantaisie,
l'avènement du morne ennui de l'uniforme masculin, le
règne de l'égalité dans la sombre laideur du costume.

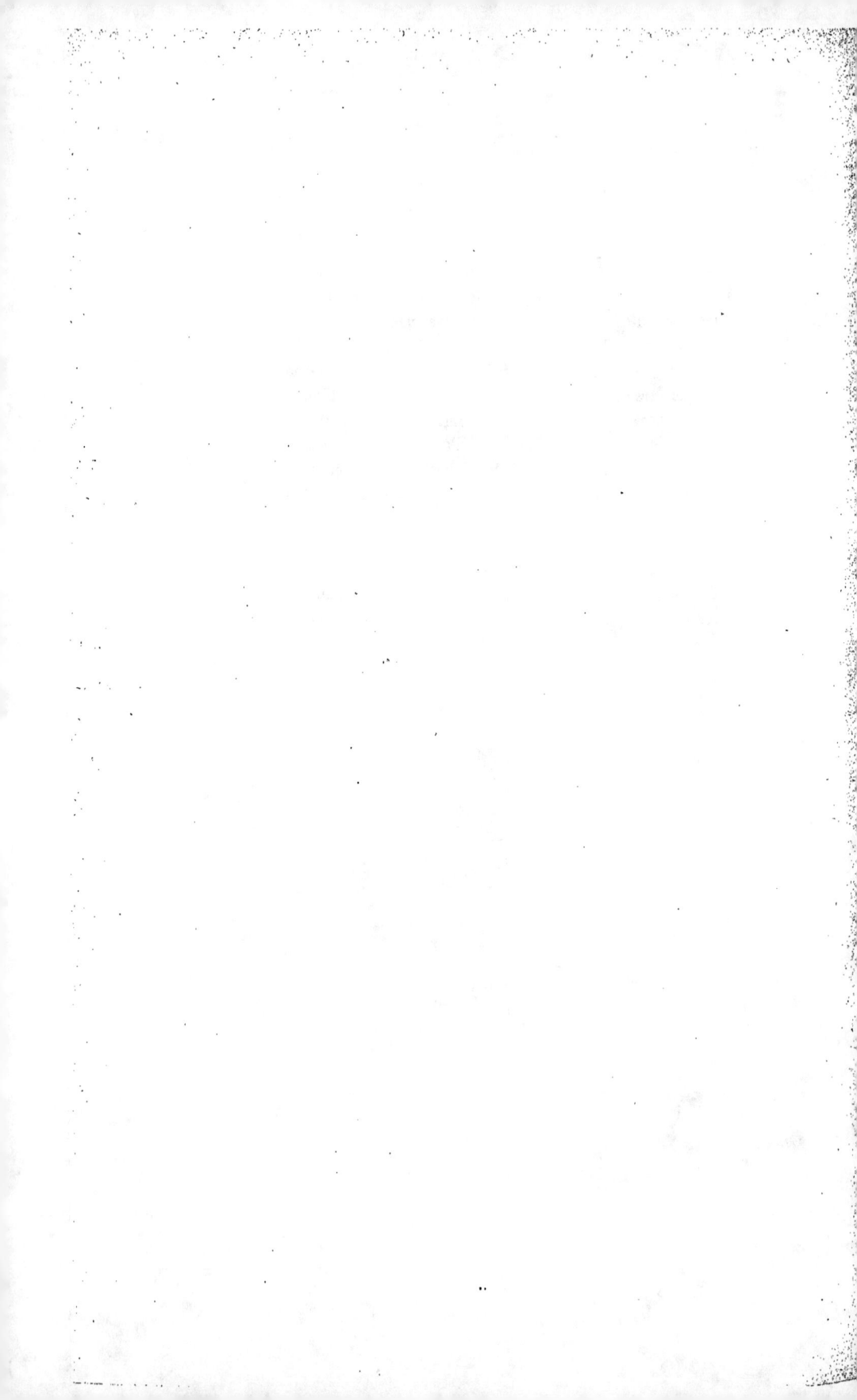

CHAPITRE VIII

LES COCODETTES

DU SECOND EMPIRE

CHAPITRE VIII

LES COCODETTES DU SECOND EMPIRE

Simple aperçu des modes

ET DES MANIÈRES DE LA SOCIÉTÉ VERS 1860

Parmi les diverses étapes parcourues ensemble jusqu'ici, nous avons rencontré des modes plus ou moins heureuses et répondant de près ou de loin à un vague sentiment d'esthétique ou de goût ; nous avons pu exposer certaines laideurs et incorrections, ou bien décrire d'aimables audaces de déshabillés charmants ; mais nous ne nous sommes point encore heurtés au ridicule de parti pris, à la déformation volontaire des lignes féminines, à l'inélégance épouvantable des ajustements. Avec le *second Empire,* nous atteignons à la plus vilaine époque du costume de la femme depuis les temps les plus reculés jusqu'à nos jours ; nous nous trouvons face à face avec ce que l'esprit humain a pu inventer de plus mal gracieux, de plus enlaidissant, de plus mensonger et de plus outré dans la recherche des vêtements d'intérieur et du dehors : — nous arrivons à la crinoline, aux volants, aux falbalas insensés.

La société, depuis la Révolution de 1848, s'était singulièrement transformée. Les chemins de fer, qui venaient d'être mis en pratique dans toutes les directions, contribuèrent largement à ce prompt changement des mœurs générales jusqu'alors casanières et rangées.

Le goût des déplacements, des voyages, des courses vers les villes d'eaux et les bains de mer pénétra vivement dans le grand monde et la bourgeoisie, grâce aux premières applications de la vapeur. Les nouvelles facilités de la vie produisirent presque aussitôt un abandon général de ce *quant à soi* qui était la ligne de démarcation de l'existence d'aristocratie sédentaire. Toutes les classes sociales se trouvèrent peu à peu mélangées, les fortunes furent plus rapides, les parvenus de la veille triomphèrent et furent accueillis en tous lieux, le puffisme gagna tous les rangs, la vanité régna en maîtresse, le luxe se fit grossier, provocant et tapageur.

Les casinos, les kursaals, les redoutes, les temples des jeux et de la danse eurent soudain une vogue considérable. A Spa, à Baden-Baden, plus tard à Monaco, on vit s'asseoir autour des tapis verts et de la roulette les filles du demi-monde et les dames de bon ton, qui ne craignaient pas d'imprimer à leurs quartiers de noblesse un vertigineux *balancé* au pays du *cancan* et de la *cascade*. En une même génération spontanée naquirent la cocotte et la cocodette ; celle-là, hétaïre vénale, qui remplissait Paris et autres villes de joie du fracas de ses excentricités et de ses costumes aveuglants de mauvais goût ; celle-ci, au contraire, mondaine blasée, lassée, curieuse de surmenage et de bruit, qui, affectant les allures des Phrynés modernes, s'empressait d'arborer le chignon désordonné, la chevelure artificielle carotte ou queue de vache, le fard, le clinquant des parures, le jargon et l'allure canaille des Cythères parisiennes. Entre la fille de marbre, la *biche* en renom et la *cocodette,* la différence était mince : l'une luttait pour la vie, l'autre ne combattait que contre l'ennui et le vide d'une existence morne, déséquilibrée et sans autre but plus nettement défini que le plaisir.

Cocottes et cocodettes inauguraient un règne d'inélégance, de camelotte, d'abâtardissement moral et de mauvais ton. — Jamais, dans le cours du siècle, on n'avait vu un défi aussi effronté porté à la coquetterie, à la grâce, à la beauté. Jamais le sentiment de l'art ne fut aussi nul et aussi tapageusement malmené et bafoué.

Qu'on regarde, sur les vignettes et les gravures du temps, ces effroyables crinolines qui ballonnent la femme dans un grotesque aunage d'étoffes, qu'on examine ces demi-manches larges et disgracieuses, ces bottines haut montées, développant l'amour du mollet, cet amour bête de toute une génération, qu'on contemple ces chevelures de sauvagesses, à peine dissimulées sous des toquets de velours ou des chapeaux aux brides folles, qu'on inventorie la laideur même des étoffes en usage, la vulgarité des nuances hurlantes, les bariolages épais, les passementeries lourdes de toutes ces modes d'il y a près d'un demi-siècle, et l'on jugera de l'ahurissement prodigieux que produiront sans doute ces toilettes folles sur l'esprit de nos successeurs quand, au prochain siècle, se fera la grande revue des costumes de celui-ci.

Il serait, en effet, difficile de rencontrer des tons de

costumes plus heurtés, plus contraires aux lois de l'harmonie des couleurs que ceux qui furent en si grand honneur, sous ce second Empire, et dont nous voyons trop souvent encore des affreux spécimens accrochés dans les vitrines des marchandes à la toilette. Comment imaginer des *violets* aussi renversants, des *roses* aussi peu meurtris, des *verts* plus brutalement crus, des *marron,* « dos de hanneton », plus brenneux, des *gris* plus sales, des *jaune soleil* plus aveuglants? Toute cette tonalité de gravures d'Épinal faisait florès cependant; on inventait des rouges solferino, marengo, sang de bœuf, capables de congestionner tous les taureaux de la Camargue ou de l'Andalousie.

L'Impératrice Eugénie était devenue, aussitôt son avènement au trône, l'arbitre des variations du costume; dès le jour de son mariage à Notre-Dame, le 30 janvier 1853, elle sut imposer souverainement son goût turbulent, criard, espagnol pour tout dire, à la France; la robe qu'elle portait pour la cérémonie à l'église était de velours blanc uni, faite à longue queue; la jupe toute couverte de volants de magnifique dentelle d'Alençon, le corsage à basquines était couvert sur le devant d'épis de diamants posés comme brandebourgs. Un voile de point d'Alençon tombait sur les épaules et était attaché sur la tête par une petite couronne de fleurs d'oranger; un diadème aux merveilleux saphirs, avec le tour de peigne, faisait une coiffure et complétait cette toilette dont on fit si grand bruit. — L'Impératrice portait alors les cheveux

relevés sur le front et cette gracieuse manière, qui convenait si bien à son visage, devint au bout de peu de jours
la coiffure généralement à la mode; mais il est juste d'observer qu'elle scyait fort mal à de très nombreuses physionomies féminines à la ligne desquelles elle ne pouvait
s'harmoniser.

Durant les premières années de l'Empire, la mode
resta à peu près ce qu'elle était en 1850 ; les
jupes furent plus bouffantes ; on fit des corsages à la Vierge, des corsages Pompadour,
des corsages Watteau avec garnitures de
dentelles, de velours, de fleurs, de rubans
ruchés, papillonnés, qui étaient très gracieux. Les couleurs d'étoffes varièrent à
l'infini ; il y eut parmi les plus célèbres
la nuance *Téba* et le jaune aventurin ;
comme toilettes habillées, on faisait
des robes de moire antique roses ou
bleues, avec basques garnies de
franges et de dentelles ou de
plumes blanches ; les tailles
s'étaient un peu raccourcies,
mais les costumes féminins
demeurèrent encore élégants. Les coiffures capotes, toquets
ou chapeaux de paille s'harmonisaient avec l'ensemble de
ces toilettes sans trop d'ampleur ni de surcharges ; on pensait revenir peu à peu plutôt aux modes du Consulat qu'aux
paniers du règne de Louis XVI, lorsque, dans la seconde
période du règne de Napoléon III, l'affreuse crinoline parut
ou plutôt s'accentua, au grand étonnement de toutes les
Françaises qui sentaient le ridicule caricatural de cette
mode incroyable et encombrante.

« D'incessantes critiques attaquèrent la crinoline,

raconte M. A. Challamel dans son *Histoire de la mode;*
on trouvait qu'il y avait bien d'autres moyens de soutenir
les volants. Ne pouvait-on pas adopter des jupons empesés,
des jupons à volants, des jupons à trois étages, en gros
calicot? — Le crin n'avait pas seul la vertu souveraine
pour gonfler les habillements.

« Malgré ses ennemis, ou à cause de ses ennemis
peut-être, la crinoline ne tarda pas à régner en maîtresse
absolue. Nombre de femmes, après avoir déblatéré contre
les horribles crinolines, acceptèrent les jupons empesés,
les jupons à volants, plus gracieux que le crin, mais
encore très embarrassants ; l'essentiel était d'augmenter
la corpulence, de masquer la maigreur, et surtout de suivre
le courant des idées reçues. — Quelques vraies élégantes
inventèrent un jupon baleiné qui ressemblait assez à une
ruche d'abeilles, toute l'ampleur se pavanait sur les hanches; le reste tombait droit. D'autres préférèrent les cerceaux arrangés comme des cercles de tonneaux ; les plus
modestes firent doubler leurs volants de grosse mousseline
raide, leurs ourlets de bandes de crinoline, et elles s'affu-
blèrent de quatre ou cinq jupons raides et empesés, à
baguettes, à carreaux, etc. — Quel fardeau à supporter !

« Quant aux cercles d'acier qui ne tardèrent pas à se
répandre, non seulement ils étaient disgracieux, mais ils
ballottaient à droite et à gauche. Souvent, vu leur peu de
longueur, ils laissaient dans le bas de la jupe rentrer la
robe en dedans. En passant, les dames voyaient les
hommes légèrement sourire, sans s'émouvoir devant ces
« malappris ».

« La plus grave question politique du jour ne passionnait pas plus les Français que la question de la crinoline ne passionnait les Françaises, — dit encore M. Chal-
lemel qui a le mérite de faire ici revivre ses souvenirs;

deux camps se trouvaient en présence. Dans l'un, les adversaires de la crinoline jetaient feu et flamme ; dans l'autre les soutiens de cet ajustement se fondaient sur l'exigence de la mode, dont il leur paraissait impossible de ne pas suivre aveuglément les arrêts. D'abord on avait pris l'habitude de la crinoline, et ceux qui lui gardaient rancune acquéraient la réputation de mauvais plaisants, de gens à préjugés, de frondeurs obstinés. Toutefois, si l'on ne renonçait pas aux jupes ballonnées, on abandonna peu à peu les cages et les cerceaux, pour les remplacer par plusieurs jupons amidonnés. On s'amendait en partie ; cette modification combattit le ridicule des crinolines ; mais celles-ci luttèrent, il fallut plusieurs années pour opérer un changement que le simple bon goût eût dû amener depuis l'apparition du crin, des baleines et des ressorts d'acier. »

Ce que cette mode invraisemblable fit couler d'encre pour et contre, tant dans la presse parisienne que dans des brochures diverses, on ne saurait se l'imaginer. M. Albert de la Fizelière a écrit à ce moment une amusante petite monographie de *la Crinoline au temps passé,* suivie de *la Satire sur les cerceaux, paniers, criardes et manteaux volants des femmes,* par le chevalier de Nisard.

Il y aurait sur la mode des crinolines, à dater de 1855, un ouvrage des plus curieux à écrire, en signalant les luttes de partis et en fournissant toutes les pièces à annexer à cette histoire. Nous croyons même qu'il existe deux ou trois poèmes sur *la crinoline,* en dix ou douze chants chacun. — Montaigne, en parlant des vertugadins qui régnaient en France, semble avoir déjà, avec son bon esprit gaulois, amplement résumé la question : « Pourquoi, dit-il, les femmes couvrent-elles de tant d'empeschemens les uns sur les autres, les parties où loge principalement nostre admiration? et à quoi servent ces *gros bastions — vallo circumdata —* de quoi les femmes viennent d'armer leurs flancs, qu'à leurrer nostre appétit et nous attirer à elles en nous esloignant? »

Montaigne avait grande raison. La femme esthétiquement est faite pour être vêtue selon les sinuosités exquises de ses lignes, rien ne doit masquer l'ampleur ni les val-

lonnements adorables de sa gorge, la cambrure de sa taille ou l'élégance de sa nuque, cette partie damnable, attirante, faite pour y enfouir les baisers. La jupe doit épouser ses formes, modeler les hanches, adhérer aux rondeurs des cuisses et mourir en plis gracieux sur la délicatesse des attaches du pied dont la pointe semble émerger de la soie des guipures et des batistes.

Toutes les modes qui ont engoncé la femme ont été des attentats contre sa beauté et des obstacles contre la sélection naturelle ; les modes *godronnées,* empesées, défor-

matrices du corps ont toujours été prônées et imposées
par des souveraines mal faites, intéressées à dissimuler
des défauts de corsage, des maigreurs terribles ou des
pauvretés de chute de reins. Toujours est-il que, dans l'histoire, même en remontant aux Valois, on ne vit jamais de
plus affreuses confections que celles qui s'étalèrent durant
plus de quinze années sur ces larges cages à poules qu'on

nomma crinolines. L'histoire future, en montrant ces
modes effroyables à nos petits-neveux, ne semblera pas
digne de foi, et l'horreur de cet encrinolinement sera d'autant plus grande que rien d'artistique ou d'original dans
l'agencement de ces costumes féminins ne vient en rache-
ter la difformité et l'outrance.

Les modes varièrent cependant de 1851 à 1870 d'une
façon inquiétante pour l'historien futur qui les voudra
analyser. — Nous avons voulu parcourir la plupart des
journaux spéciaux durant ces vingt années, et, outre un

26

prodigieux mal de tête, nous avons constaté avec un profond découragement que deux années de la vie d'un travailleur suffiraient à peine à colliger en dossiers les annotations nécessaires pour un simple résumé historique de ce monument du costume sous le second Empire. Que nos lectrices — qui sont arrivées aujourd'hui à cet âge ingrat et automnal où l'on ramène à soi ses souvenirs, dans les rêveries du coin du feu — se rappellent les diverses robes qu'elles ont choisies, exhibées avec ivresse et rejetées tour à tour pour se parer d'autres ajustements plus en vogue ; qu'elles regardent au fond des armoires leurs manches *pagodes* brodées à jour, leurs collerettes, leurs fichus, leurs cachemires d'autrefois ; qu'elles songent surtout aux toilettes de leurs amies, à celles qu'elles ont enviées, aux confections qu'elles ont jalousées ; elles verront alors que non seulement tous ces chiffons étaient vanité, mais encore elles se diront que le souvenir même est infidèle et ne saurait garder l'impression ni la forme de tant de garnitures et parures opposées dont la transformation fut si traîtreusement insensible d'année en années, de saison en saisons.

Qu'elles évoquent dans leur mémoire le manteau Talma, le Mousquetaire et la rotonde, cette abominable rotonde, qui, tombant sur la crinoline, donnait à une femme l'apparence d'un pain de sucre ; qu'elles revoient en pensée le châle hindou cachemire et le châle hindou de laine, le châle *mouzaïa* ou tunisien, avec ses rayures blanches et bleues, rouges et vertes ; le burnous algérien

avec glands en poil de Thibet; le « manteau impératrice »,
les mantelets et les basquines. Qu'elles se remémorent
encore les capelines en batiste écrue, garnies de rubans
de taffetas, les capelines de mousseline, doublées de
transparents roses, bleus ou mauve et les capulets en
laine, qu'elles portaient à la mer ou à la campagne.

Que tout cela était laid et de mauvais goût,
convenez-en de bonne foi, mesdames?

Sans avoir crainte de les lasser, ces
lectrices aujourd'hui quinquagénaires, nous
ferons défiler dans leurs souvenirs les vestes
zouaves, les vestes turques et grecques, les
Figaros et les *Ristoris,* disgracieux corsages qui avaient une sorte de coquetterie crâne, bon enfant et *zouzou,* une allure
un peu abandonnée et négligée qui les rendait parfois provocantes à l'excès. — Pour-
suivons encore : nous voici arrivés aux
vêtements de drap lisse ou de soie gros
grain qu'on ornait de lourdes soutaches ou
de broderies et qu'on bordait de peau d'a-
gneau mort, teint en noir, désigné sous le
nom d'astrakan. — Ces soutaches et cet astrakan, ne vous
semble-t-il pas que ce soit toute une grande période de la
mode impériale qui défile devant nous par la magie seule
de l'image? — Ne revoyez-vous pas ces longues planches
gravées donnant des spécimens de la maison Gagelin, où
des femmes, vues de face, de profil et de dos, déployaient
sur leurs épaules de longues houppelandes chargées à
outrance de torsades, de grecques, de tresses, de cordelières,
de passementeries de toutes sortes, à prétentions militaires,
et revêtues en outre de larges parements d'astrakan noir
à poil frisé, qui était le comble du confortable et du *chic?*

— Est-ce tout? — Pas encore. — Rappelez-vous les petits paletots dits « marins », les vareuses, les saute-en-barque, dont vous faisiez provision dans vos malles à l'heure de la villégiature et des vacances; ces vêtements étaient en drap léger, en étoffe anglaise, en popeline de soie, en alpaga, en taffetas noir, avec force ornements de cette même passe-menterie contournée qui était la folie du jour, la folie du Galon, la folie impériale.

N'avez-vous plus souvenance du paletot *Lydie,* des pardessus *Lalla-Roukh* et de la sortie de bal nommée *vespertina?* — On les portait à la même époque que les vestes *señoritas* en velours, taffetas, en cache-mire de nuance claire ou en drap... Et les chemises russes? — les *Garibaldis* en foulard, en taffetas blanc, rouge, bleu, havane, brodés en soutaches ou au point russe? et les paletots-gilets Louis XV, en drap anglais jaspé gris et noir, cela ne dit-il plus rien aux échos de votre esprit! — Devons-nous, pour ne point vous laisser reposer, vous parler du *Péplum impératrice,* formé d'un petit corselet auquel s'ajustait une grande basque carrée devant et derrière, très longue sur les côtés, vêtement précieux en ce sens qu'il causa la chute de la crinoline et qu'il fit plus d'honnête besogne par sa forme seule que n'en avaient pu faire les libelles, les pamphlets, les mandements, les sermons, toutes les éloquences de l'Église et de la presse réunies.

Un fabricant, nous dit-on, imagina alors des jupons à ressorts, dont une partie se détachait à volonté; un autre inventa une manière de parasol transparent; un troisième se fit breveter pour avoir conçu un système d'aération

pour coiffure, un quatrième enfin mit en vente dans tout
Paris des ressorts crémaillères à l'usage des jupons, qu'il
décora du nom d'*Épicycloïdes*. L'industrie ne se lassait
point, le génie parisien avait quelquefois du bon goût,
même dans le mauvais ton; — on vit des boucles d'oreilles
aquarium, des chaînes d'or *Benoîton,* qui formaient gour-
mette sous le menton; on chaussa le cuir de
Russie, on l'employa en ceintures, avec boucles
de métal, on se surchargea de chaînettes et de
breloques et l'on campa sur les chevelures
jaune, acajou, tomate et sur toutes les nuances
impossibles à la mode, qui n'étaient que les
outrances du blond vénitien, — des chapeaux
Trianon, Watteau, Lamballe et Marie-
Antoinette.

Oh! les horribles et cascadantes
coiffures! — Elles avaient un *sacré
chien,* au dire des lorettes mondaines
de ce temps; mais, regardées à distance, vues avec le sentiment du
goût moderne, *quelle dégringolade,
mon Empereur!* — Ces cheveux,
dépeignés, voltigeaient éperdus, mélangés de postiches de
toutes sortes, brûlés par l'acide, rôtis par le fer, desséchés
par l'ammoniaque; ces cheveux morts, qui tombaient en
chignon ou en frisures sous la toque, étaient bien la plus
désagréable chose du monde, et jamais époque décadente
ne nous offrit de plus grotesques spécimens de perruques
artificielles. — Les femmes semblaient prendre plaisir à
se rapprocher de la caricature, de la paradoxologie du costume et des turlupinades de la mode; plus on montrait
alors d'incohérence, de folie, d'invraisemblance dans ses
ajustements, plus on risquait d'être proclamée l'incompa-

rable reine de la fashion. — Les journaux du boulevard,
qui commençaient à inaugurer le *reportage,* se complai-
saient dans les descriptions minutieuses des toilettes qui
portaient le plus ouvertement un défi à la raison et au
bon sens. — Avec leurs catogans, leurs immenses coques
sur le sommet de la tête, leurs grandes papillotes glissant
à l'arrière, leurs rangées de nattes, leurs repentirs ondu-
lés et leurs rameaux frisés qui tombaient jusque dans
les yeux, les visages féminins *encabotinés* n'avaient rien
de cette grâce que donne une coiffure naturelle ; tout cela
était faux, figuratif, théâtral, emprunté, de mauvais
lieu. — Souvent, lorsqu'elle ajoutait à ces buissons et
à ces cascades, à ces spirales de cheveux une petite
toque en forme de boîte à dragées, avec sa robe courte
aux tons braillards ou ses soieries bariolées aux couleurs
d'une écurie à la mode, avec son ombrelle-canne, ses
bijoux et ses breloques, une Parisienne avait — il faut
bien le dire — quelque chose d'une guenon costumée.
Lâchée en pleine mascarade simiesque, cette femme à la
mode montrait, en effet, une allure pleine de contorsions
et une figure chafouine, au milieu d'hommes vêtus de
pet-en-l'air, culottés de collants, coiffés de chapeaux tyro-
liens à plume de paon, vilains babouins mi-rasés, non
moins enlaidis, non moins *cabots* et non moins mal attifés
que leurs dignes compagnes ; car les *cocodès* et les *petits
crevés* de l'époque, successeurs des *daims,* des *lions* et des
gants jaunes qui représentaient alors la classe des élégants, n'étaient que d'affreux bonshommes étiolés, flétris,
barbouillés de fard, parfumés, grasseyant et ridicules, dont
le costume, pour ÉPATANT qu'il fût aux yeux de ces
fantoches, n'en était pas moins laid, burlesque et contraire
à tout sentiment de correction. Une médiocre épigramme
de mars 1867 nous expose ainsi cet habillement :

Le chapeau de forme est très bas,
Le gilet est presque invisible ;
Le pantalon, lui, c'est risible,
Est collant du haut jusqu'en bas.
L'habit est plus court qu'une veste,
Le tout est si court qu'on en rit :
Devons-nous parler de l'esprit ?
Il est aussi court que le reste.

A Compiègne, à Biarritz, à Dieppe, à Trouville, à Bade, aux Eaux-Bonnes, à Plombières et dans les villes

La plage de Dieppe en 1865.

d'eaux et de plaisir, où se donnaient rendez-vous les élégantes du monde, les aventurières de la bohème dorée ainsi que toutes les femmes d'argent et de ruolz, les manifestations du luxe devenaient sans limites; c'était à la fois un assaut de fantaisies dans le vêtement et dans la désinvolture, une furia d'extravagances, de lubies sans nom, de dépenses voluptuaires comiques, sans goût ni valeur, mais faites exclusivement pour la galerie. On voyait en même temps des châles de laine tricotés avec des volants rouges, des robes somptueuses de soie brochée, des jupes de faille lamées d'or ou d'argent, des casaquins chargés

de broderies, des écharpes extravagantes, des burnous
arabes avec agrafes de diamants, des tarlatanes à rayures
d'or, des dentelles à torsades du même métal, sans compter les bijoux, les médaillons, les broches, les croix, les
colliers avec plaques de pierreries et tous les affiquets
dorés, toute la charlatanerie du costume qu'on ne craignait
pas de montrer, d'afficher, jusque dans les
plus modestes casinos de villes d'eaux.

Les robes de bals pour les fêtes d'hiver
avaient des accessoires d'un prix incroyable.
— En 1869, la duchesse de Mouchy
exhiba sur elle, au bal de Beauvais,
pour près de deux millions de diamants. — Sa toilette ce soir-là se
composait d'une robe à traîne en
gaze blanche, avec un semé d'argent ; une seconde jupe courte, en
soie raisin de Corinthe, formait
tablier ruché ; le corsage, très
bas, était coupé carrément et
soutenu par des épaulettes
étincelantes de pierreries ;
une large écharpe de fleurs à feuillage argenté, prenant
sur l'épaule, retombait en biais sur la jupe. — Plus d'éclat
que de goût, on le voit.

La Parisienne aristocratique, il faut le dire, restait
toujours une individualité, en ce sens qu'elle tenait les
rênes de la véritable élégance et qu'elle passait avec une
rare intelligence de l'une à l'autre mode sans absolument
heurter le bon goût ou ce qu'on pouvait nommer alors de
ce nom. Elle seule — *rara avis* — possédait le don de
ne rien exagérer, et lorsqu'elle s'éprenait d'une originalité,
on pouvait suivre ses élans gracieux et souscrire à tous

ses caprices du jour. La Parisienne, par excellence et par quintessence, choisissait alors avec plus de tact et un plus louable discernement aussi bien ses modistes que ses couturières; elle ne se laissait imposer ni les toilettes *Bismark*, ni les corsages *casaque*, ni les poufs *Lamballe*, ni les chapeaux ponceau; elle faisait plutôt naître les modes discrètes, les nuances *vanille, ambre, écrues, olive,* répudiant le *cramoisi,* le vert *Pompadour,* le rouge *Solférino;* mais la Parisienne quintessenciée dont nous parlons n'était pas toujours Dame de la Cour ni femme de Financier; elle régnait plus encore sur l'aristocratie innée du goût que sur l'aristocratie nobiliaire. Ce n'était point une parvenue, une créature de la *curée.*

Vers la fin du règne impérial, la crinoline disparut enfin entièrement; les femmes se dégouflèrent lentement et revinrent peu à peu aux robes collantes et au respect de la nature; les jupes à la chinoise furent, pour ainsi dire, la dernière expression marquante de cette maladie de la mode qui faillit porter atteinte à l'indestructible réputation de bon goût des femmes de France. — Mais la guerre était proche. L'Empire ne devait pas bénéficier de ce retour au bon sens et à la grâce des contours.

Après les costumes, un regard sur les coutumes.

Le monde élégant, le monde de loisir semblait avoir peine à regagner ses quartiers d'hiver, tant étaient

27

joyeuses les réunions dans les châteaux. On chassait encore en décembre et les abois des meutes faisaient retentir longtemps les grandes futaies de leur sauvage harmonie. Partout éclatait le son des trompes. A Compiègne, à Fontainebleau, à Chantilly, à Gros-Bois; en Touraine, en Normandie, en Nivernais, de l'est à l'ouest et du nord au midi, ce n'étaient que curées froides ou chaudes : les grands veneurs étaient sur les dents.

On reculait le moment de l'hivernage pour mieux sauter au retour, car Paris ne vivait encore que de bals, de concerts et de sauteries; dans le monde de la Cour, de l'aristocratie, de la finance et de la bourgeoisie, on réveillait le culte des concerts et des redowas. — Fêtes chez la princesse Mathilde, bals chez la duchesse Pozzo di Borgo, chez la comtesse de Walewska ou chez Mme de Biré; concerts ou sauteries chez la comtesse de Behague, chez la comtesse d'Indry ou chez Mme Troplong. Les concerts n'étaient souvent que le prélude des comédies de paravent ou des opérettes; ce divertissement fort à la mode ne fut détrôné que par la fureur des poses blanches ou plastiques qui montraient sur des Olympes de carton toutes les scènes les plus décolletées de la mythologie représentées par des déesses mondaines en maillot.

Les cocodettes impériales apportaient un entrain diabolique dans la recherche et la confection des costumes primitifs nécessités par ces divers tableaux du *Jugement de Pâris*, de *Jupiter et Léda*, de *Diane et Endymion* et autres sujets non moins décoratifs que libidineux.

La crinoline mystifiait si complètement les formes que ces dames, en recherchant le maillot, avaient l'excuse de proclamer aux yeux de tous la beauté de leurs lignes.

Le carême n'arrêtait pas cet élan vers le plaisir, ni ce besoin fougueux de se répandre en soirées, au théâtre, au

bal; on allait bien à Notre-Dame, aux conférences du
Père Hyacinthe, qui était alors en grande vogue et qu'on
désignait pour succéder à M. de Barante à l'Académie
française; mais on se recueillait peu à ces sermons mondains; on s'y rendait par genre, pour entendre ce célèbre
carme, qui était le lion du jour et pour être en mesure de
pouvoir décemment en parler. A peine au sortir de Notre-
Dame, les âmes pieuses n'allaient point revêtir le cilice
à pointes de fer, ni dormir sur la cendre; elle se rendaient
aux Italiens applaudir la Patti, ou bien aux Variétés
admirer la diva Hortense Schneider et ses grâces légèrement *chahutantes* dans *la Grande-Duchesse de Gérolstein,*
cette basse pitrerie présage de la débâcle, à moins qu'elles
n'allassent à *la Biche au bois* s'émerveiller des folles splendeurs de mise en scène d'une féerie merveilleuse de décors;
après cela, on courait souper avec des bécasses aux truffes
et se mortifier à l'heure de *matines* au champagne frappé,
le carême était en quelque sorte généralement le plus fou
et le plus brillant des carnavals. — A Pâques, les salons ne
fermaient pas encore; on annonçait de semaine en semaine
les dernières soirées de l'hiver, et c'était toujours à recom-
mencer.

— Chez Mme de Saint-Agamemnon, — écrivaient les
courriéristes — dernière soirée de l'hiver; on y entendra
Fraschini.

— Chez la princesse Labribescoff, dernière soirée; on
y jouera un proverbe d'Octave Feuillet.

— Chez le banquier W..., dernière soirée; on y
essayera, sur une table à thé, une machine à vapeur qui
doit *dégoter* tout ce qu'il y a de connu sur les chemins de fer.

— Chez le major autrichien Zinezermann..., encore
irrévocablement dernière soirée de l'hiver...; on y imitera
Thérésa.

Ainsi partout, fêtes de jour et fêtes de nuit. L'hippodrome de Longchamps avait repris une vogue nouvelle;
on attendait le Grand Prix avec anxiété; *Gladiator* et
Fille de l'air donnaient pour ainsi dire un nouvel essor
aux modes; puis le Grand Prix de Paris marquait l'heure
extrême des réceptions et annonçait les plaisirs de la
villégiature; — on faisait la statistique des courses, cal-
culant le gain du comte de Lagrange, de
M. Delamarre, du baron Finot, de Charles
Laffitte ou de M. Achille Fould. Le Grand
Prix de Paris remplaçait l'ancienne promenade de Longchamps; on y voyait
défiler toutes les excentricités du costume, se produire les toilettes nouvelles, les voitures du dernier genre,
les beautés du monde et les élégantes du demi-monde : actrices
de salon et actrices de théâtre,
toute la haute comédie humaine
s'y jouait, comme une pantalon-
nade, avec un grand luxe de
représentation. Ce n'était que
femmes et que fleurs, grâces et
sourires. — Le soir de ce grand jour solennel, Mabille
était littéralement assiégé.

« Les dames de l'Empire, écrit Arsène Houssaye dans
ses curieuses et amusantes *Confessions* [1], évidemment très
optimistes et colorées des souvenirs de jeunesse, furent une
pléiade éblouissante, toutes douces de beauté, de charme et
d'esprit, — plus ou moins. — Qui en doutera quand je dirai
les noms de la duchesse de Mouchy, la comtesse de Saulcy,

1. *Les Confessions*, souvenirs d'un demi-siècle (1830-1880), par Arsène
Houssaye, t. IV.

la baronne de Vatry, la comtesse Walewska, la duchesse
de Persigny, la comtesse de Moltke, Mme Bartholoni, la
comtesse de Pourtalès, la princesse Poniatowska, la marquise de Galiffet, la comtesse de Sancy-Parabère, la
duchesse de Morny, la vicomtesse Aguado, Mme de Lima,
la baronne de Beyens, Mme Péreire, la baronne Alphonse
de Rothschild, Mme Magnan, Mlle Bechwith, la marquise
de Canisy, Mme Moulton, la comtesse de
Mercy-Argenteau, la marquise de Chasse-
loup-Laubat, Mme Pilié, la comtesse de Cas-
tiglione, Mme de Montaut, la maréchale Can-
robert, la duchesse de Malakoff, la générale
Callier, Mme Carter, Mme Jankowska, la
comtesse de Brigode et Mme Carette, pour
bien finir ? — Que d'autres on pourrait
nommer qui n'étaient pas belles selon
l'évangile de l'église du beau, mais qui
étaient belles à force d'esprit, comme
la princesse de Metternich !

« Avec de telles femmes, les
fêtes de la Cour et les fêtes mondaines étaient magiques. On ne
s'étonnait pas d'entendre dire :
« L'Empire s'amuse. » Pourquoi pas ? — On ne se contentait pas des bals des Tuileries où tout le monde officiel
avait droit d'entrée ; on imaginait chez l'Impératrice, chez
les Dames d'honneur, chez quelques ministres, des plaisirs
nouveaux, mais surtout les bals costumés avec le loup
pour les femmes. Moi-même, à cette époque, dit M. Houssaye, n'ai-je pas donné dans ces folies plus ou moins
innocentes par mes redoutes vénitiennes ! — On a brûlé
les Tuileries, on danse encore à l'Élysée, mais le cotillon
est mort. Où sont-ils, d'Aiguesvives, Castelbajac, Jau-

court? De Caux lui-même, qui pirouette encore sur son
talon rouge, n'entrerait plus dans un cotillon, même si
la fauvette Adélina chantait à l'orchestre. Oui, on cotil-
lonne encore, mais qui donc conduit le cotillon? C'est que
l'escadron volant ne vole plus, la comtesse Walewska
pleure sa fille; la princesse de Metternich, cette Parisienne, est redevenue Viennoise. On voit encore passer,
dans leurs beautés mûries, la comtesse de Pourtalès et ses
amies; mais combien de figures dans les demi-teintes qui
ont rayonné sous le soleil de la Cour! — Le général
Fleury ne se contentait pas d'avoir la meilleure table de
l'Empire, il inaugura des fêtes fabuleuses qui rappelaient
l'ancienne cour de France sous Mme de Montespan, sous
Mme de Pompadour, sous Marie-Antoinette. Il mit en scène,
à l'hôtel d'Albe, les quatre éléments: ce n'était pas trop
pour recevoir l'Impératrice et son Décaméron. Ce fut un
enchantement. Le général n'avait pas permis qu'une
femme mal dessinée et mal étoffée par la nature défigu-
rât ses bals légendaires. On avait fait comprendre aux
petites bourgeoises de la Cour que ce n'était pas leur jour
de se décolleter, si bien que toutes les élues formaient une
compagnie, je ne dirai pas invincible, mais irrésistible.
C'était charmant de voir batailler au cotillon, le feu et
l'eau, le ciel et la terre, comme deux siècles plus tôt au
palais de Versailles. On s'amusait tant alors que l'Empereur lui-même, qui plus d'une fois a joué le rôle de l'ennui
dans les fêtes des Tuileries, dansait gaiement avec la princesse Mathilde, quand le prince de Metternich ou le prince
de Croy dansait avec l'Impératrice. On avait supprimé les
volcans.

« Et toute cette jeunesse expansive, parce qu'elle
éclatait en verve et en esprit et en passion, où est-elle
éparpillée? se demande Arsène Houssaye. — Aux quatre

coins du monde et des mondes. — Saint-Maurice, Finot, La
Redorte? Le prince d'Orange, Caderousse, Rivoli, Hecke-
ren, Massa, Ezpeletta, sans oublier les figures plus ou
moins méditatives, mais toujours ouvertes : Morny, La
Valette, Persigny, Girardin, Laferrière, Nigra, Mérimée,
Fleury, Edgar Ney, Corregliano, Pisani? — Pourquoi ne
pas citer Troplong, qui aimait les plaisirs des autres et
qui aurait pu écrire le code de la société polie? C'était fête
partout : chez la duchesse de Morny, chez la duchesse de
Bassano, chez la comtesse Walewska, chez Mme de la Page-
rie, chez la duchesse d'Albe, chez les ministres, chez les
sénateurs. Que d'argent jeté à propos par la fenêtre! Aussi
la Seine se pactolisait; on était riche jusque dans les faubourgs, parce que toutes les fées du travail étaient à
l'œuvre... Aujourd'hui, on ne jette rien par les fenêtres et
Paris se nourrit de principes : la démocratie fait danser,
mais ne danse pas. »

Nous venons de faire bon accueil à notre confrère et
ami Houssaye, car il est de ceux qui virent l'Empire de la
bonne place, aux premiers rangs, dans l'ivresse des succès
mondains et dans la force de l'âge ; il fut de tous les
cénacles, de tous les raouts, de toutes les fêtes intimes ou
générales ; nul homme de lettres mieux que lui ne pouvait
faire revivre ses brillants souvenirs d'hier sur cette grande
kermesse impériale dont les lendemains furent si sombres
que nous en portons tous comme un spleen en l'âme et une

blessure au cœur. — Il sonne dans ses *Confessions* la *caril-
lonnée* des plaisirs d'une époque où nous étions encore,
tout gamin, sur les bancs du collège, et nos souvenances,
à nous, nés plus d'une année après le coup d'État, seraient
trop naïves, trop fragiles, trop aurorales, au vrai sens du
mot, pour avoir quelque poids, si nous avions la moindre
velléité de les appeler ici à notre aide.

Nous avons conservé cependant dans
cette chambre noire des réminiscences
comme un vague aperçu des tableaux de
ce Paris impérial, sur la fin du règne, alors
que la Cour, entraînant la ville qui aspirait à faire partie de la Cour, aidait
à la confusion de toutes ces magnifi-
cences criardes ; nous revoyons ces
équipages de gala dorés, blasonnés,
chargés de laquais poudrés, ces
retours du Bois étincelants de
richesses, de costumes et de
beautés féminines, alors que
l'Empereur regagnait les Tuileries dans le poudroiement
d'un soleil couchant. — Émile Zola, dans la *Curée,* — un de
ses meilleurs livres, et peut-être le moins connu ou le moins
apprécié, — a laissé une page magistrale sur ces splendeurs
des Champs-Élysées après une journée aux courses de Longchamps. — Nous le revoyons en pleine vie, ce Paris des
lorettes, des filles, des partageuses, des rastaquouères, à
cette époque de son extravagance, et ses émerveillements,
— en 1869, — à cette heure où le boulevard n'était plus
que le passage des Princes et où flamboyait partout l'en-
seigne pantagruélique que Rabelais mit au fronton de son
immortel et colossal monument : Vivez joyeux.

Ce boulevard encombré de promeneurs et de prome-
neuses, nous le revoyons en pensée comme ce kaléidoscope
dont parle Delvau, où les objets et les personnages, diver-
sement, mais toujours pittoresquement colorés, changeaient
à chaque pas et à chaque instant, et où toute la société
parisienne convoitait les luxes d'apparence, à tous ses
degrés, depuis la duchesse jusqu'à la cocotte ;
depuis l'artiste jusqu'au cocodès ; depuis
l'homme de lettres jusqu'au boursier; depuis
le rentier jusqu'au voyou ; depuis le men-
diant jusqu'au bourgeois ; depuis enfin
Turcaret jusqu'à M. Prudhomme. — Tout
ce monde-là, en résumé, aspirait au
chic, à l'élégance et au galbe, aux
bonnes fortunes et aux délices épicu-
riennes. Nous le revoyons sur le soir,
ce boulevard de l'Empire, alors
que descendaient des hauteurs de
la rue Bréda, munis de sourires
et d'œillades, les divers batail-
lons de Cythère : les gigolettes,
les gandines, les biches, les
maquillées, les musardines, les prés Catelanières, toute la
série des lorettes symbolisées par Rops en de prestigieuses
eaux-fortes, avec leur chignon ébouriffé, leur toquet sur
l'oreille, la jupe courte dentelée par le bas, le corsage ouvert
en cœur et portant autour de leurs tailles de longues ceintures flottantes qui étaient comme les étendards de la
galanterie. — Attablées, dès l'heure de l'absinthe, sur le
devant des cafés, provocantes, le visage plâtré, la lèvre
rougie, humant la cigarette, elles montraient, le genou levé
sur un petit banc, leur bottine à talon haut, à gland d'argent, montant à mi-jambe et emprisonnant un mollet à bas

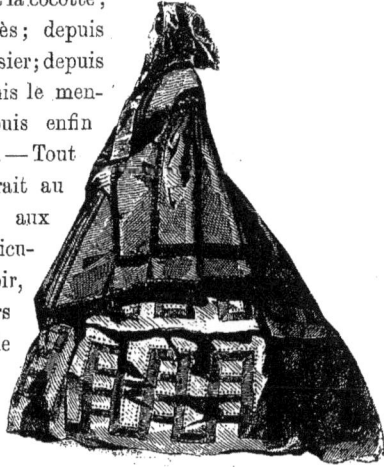

28

rouge. — Les étrangers, les barons de Gondremark défilaient sur le trottoir, l'œil allumé, la bouche humide et
rieuse, regardant ce marché aux plaisirs, en vrais maqui-
gnons de la femme, cherchant, nouveaux Pâris, à qui décer-
ner la pomme. Sur le trottoir défilaient encore les viveurs
de Paris, les hommes de la grande et de la petite presse
vêtus à la diable, la cravate flottante, qui affectaient de
se sentir chez eux ; puis, dans l'assourdissement des cris,
parmi le bruit des voitures et des camelots, passait l'éternel
gavroche en blouse, les mains dans les poches, le regard
fureteur, criant les sottises de la rue, l'inepte *Hé! Lambert!* ou quelque chanson boulevardière, comme *le Pied
qui remue,* récemment mise en vogue.

Les nuits de bal à l'ancien Opéra, toute la physionomie
particulière du boulevard des Italiens nous revient en mémoire ; c'était une véritable cohue de clodoches, de nour-
rices, de bébés, de débardeurs, de chicards, poussant des
cris inarticulés, des hoquets convulsifs, s'interpellant, avec
le bagou populaire, dans un tohu-bohu indescriptible,
tandis que de toutes parts des *pratiques* de polichinelles
coupaient l'air d'un bruit strident et railleur. Les cafés
flambaient ; il y avait réellement un délire dans cette des-
cente de Courtille galante et populacière. Bref, du haut en
bas de l'échelle, l'Empire s'amusait.

Dans les restaurants de nuit, tout brillants de lumières,
la fête continuait ; c'était à chaque étage un bruit joyeux ;
les pianos rendaient des sons poussifs qui se mêlaient aux
rires, aux piétinements des danses, aux chocs des assiettes
empilées, aux chansons reprises en chœur, aux interpella-
tions sans nombre. A l'aube, les tavernes vomissaient des
noceurs et des filles à visages défaits, tandis que le Paris
matinal montrait, dans la solitude grise, sale et désolée
du boulevard, les balayeurs à l'ouvrage ou les chiffonniers,

types disparus, lacérant les affiches des spectacles de la veille, symbolistes à leur manière, ces chevaliers du crochet !

La Parisienne du second Empire prendra, nous en sommes assuré, dans l'histoire de ce siècle, un type peu attrayant, mais très accusé et bien à part. — Malgré le peu de recul que nous donnent encore les années, nous pouvons déjà juger du relief que prend chaque jour davantage tout ce qui touche à la deuxième période impériale. — Les *Mémoires* posthumes qu'on vient de publier, il y a quelques années, d'après les manuscrits d'Horace de Viel-Castel, ce sceptique calomniographe, ganache, radoteur et déplorable chroniqueur, offrent déjà dans leur ensemble un intérêt de lecture, semblable, sauf l'esprit et la bien-disance, aux anecdotes de Tallemant des Réaux ; de tous côtés, on réunit des documents curieux sur les hommes et les femmes du second Empire, et il ne faudra pas, croyons-nous, attendre aux premiers jours du xxe siècle pour qu'on puisse définitivement juger d'ensemble ce règne de vingt années et connaître au juste si le philosophe moraliste avait raison qui écrivit cet aphorisme :

« Le degré d'abaissement d'une nation se mesure exactement au degré d'effronterie qu'une femme peut publiquement y atteindre sans scandale. »

A nos yeux, toutefois, et sans vouloir attendre le jugement de la postérité, l'ère impériale, de 1851 à 1870, demeure condamnée à la juste exécration de tous les artistes, en raison de la médiocrité du goût étalé en tous lieux et de toutes manières, sous ce règne qui décidément manquait d'esprit, de tact et de tout sentiment décoratif. Les écrivains, peintres, sculpteurs, musiciens qui se sont produits durant les quatre lustres de ce règne,

sont arrivés au succès en dehors du gouvernement et sans
une réelle impulsion de sa part; l'Empire n'eut pas, dans
la véritable acception du mot, le sentiment profond des
arts ni des lettres, bien qu'il parût très vaguement s'y
intéresser par bon ton.

Il ne nous semble donc pas que le second Empire, malgré son éclat de prospérité et le renom des travaux qu'il a
fait exécuter, laisse une empreinte bien originale, principalement dans les styles d'ornement ou dans l'art en général.

Pour ce qui est de la femme, qui principalement fait
l'objet de cette hâtive étude, il ne nous paraît point davantage contestable qu'elle afficha, de 1851 à 1870 environ,
un ton, un genre et des modes qu'on ne s'avisera jamais
de faire revivre et qui, pour avoir été copiés et imités doci-
lement par tous les peuples du monde à la même époque,
ne donnent pas une crâne idée de l'esprit humain ni de
l'action réelle du bon goût de la femme pour fomenter
utilement les révolutions du costume.

LA

FEMME DU JOUR

CHAPITRE IX

LA FEMME DU JOUR

Son goût, son esprit, ses tendances

I L est vraiment malaisé de juger son temps, d'en percevoir les mœurs et d'en sentir la grandeur ou la médiocrité; on risque toujours, en s'essayant sur ses contemporains, de se montrer trop aisément optimiste, sinon trop sombrement pessimiste; il manque à notre observation le recul nécessaire pour la vue d'ensemble et nous devons nous déclarer satisfaits d'exposer en peinture descriptive la vie réelle d'un milieu social moderne, sans prétendre faire œuvre de moraliste en glosant sur l'esprit général du tableau. Cependant, il nous paraît impossible qu'un homme encore jeune, amoureux de la femme avec dévotion, épris d'élégance, d'harmonie et de

tonalités heureuses, ne se sente pas un furieux tendre
pour ses propres contemporaines, jusqu'à se laisser aller à
les préférer à toutes les femmes de la veille et de l'avant-
veille.

Il a pour cela d'aimables raisons, ne serait-ce que
celle-ci : qu'il connaît les unes avec tous les reliefs de la
vie, qu'il les admire en ronde bosse, qu'il les adore en
nature, qu'il apprécie leurs gestes, leur démarche, leurs
sourires, qu'il découvre tous les frissons de
leur chair et suit les jolis froufrous de leurs
robes, tandis que les pauvres grand'mères disparues, celles que nous avons rencontrées à
toutes les étapes de ce siècle, ne lui appa-
raissent plus que momifiées dans l'évocation de ces gravures jaunies par le
temps, qui nous montrent des toilettes
rigides où font défaut la grâce mobile
des attitudes et les expressions *irrecon-
stituables* des figures et des corps.

Nous n'envisagerons cependant nos
contemporaines qu'au point de vue spécial de la psychologie et du goût, et très hâtivement, sans y appuyer, tout
en nous permettant un très sobre résumé des circonstances diverses qui ont principalement favorisé l'éclosion
des mœurs du jour.

Nos chères contemporaines résument en effet presque
tous les types des femmes de ce siècle dont nous avons
successivement décrit les mœurs, les goûts, les succès et les
modes. Elles portent en elles, par atavisme, le bariolage
psychologique des qualités ou des vices des quatre ou cinq
dernières générations desquelles elles sont issues; en les
étudiant méthodiquement, on verrait avec netteté, dans
leur portrait moral, les empreintes très accusées de leurs

aïeules et l'on en pourrait conclure que
l'exquise étrangeté de leur caractère, la
troublante fantaisie de leurs soudains caprices, la bizarre intuition qu'elles ont des
natures diverses d'hommes, les variations
infinies de leur humeur, de leurs goûts,
de leurs désirs même, ne sont que des
témoignages du sang ancestral qui
coule dans leurs veines. On croi-
rait parfois, en les observant, entendre vibrer en leur âme les voix,
les cris, les désespoirs, les extases,
les plaisirs de leurs devancières. Tour à tour elles *s'impu-
diquent* comme les merveilleuses, s'engoncent dans une
subite austérité comme les dames de la Restauration, et
tour à tour aussi elles exaspèrent leur nervosité avec la
furie idéale des romantiques ou bien se montrent félines,
sauvages, froidement et correctement cruelles, comme les
Lionnes fashionables de l'An 1840.

Il ne nous convient guère ici d'analyser toutes ces
sources psychiques du tempérament de la femme du jour,
dont nous aurons sans doute plus tard l'occasion
d'étudier les origines réelles ; nous ne ferons
donc que le sommaire des « conditions d'être »
dans lesquelles nos contemporaines se trouvent.

Le culte de la femme, culte idéalisé dans
un paganisme plein de politesse et d'urbanité et
qui se professait à l'autel de la beauté par mille
hommages discrets, d'une exquise galanterie, ce
culte que comprenait si bien « l'honnête homme »
des anciennes Cours, n'est malheureusement
plus de notre temps. La femme de cette fin de
siècle règne despotiquement encore sur nos

cœurs, mais elle n'a plus la même influence heureuse sur nos esprits, nos mœurs et notre société.

La vie facile des cercles, des clubs, des réunions de plaisir, où les hommes peuvent fumer à loisir, causer sans gêne en termes court-vêtus et parfois complaisamment grossiers, nous a dérobés peu à peu à la bienfaisante intimité des femmes. La politesse, dans le sens exact de la sociabilité, est morte, pour ainsi dire, en France ; il existe encore des convenances, des ménagements qui répondent à certaines tendances des caractères, à certaines exigences des intérêts ; mais la politesse affinée, délicate, précieuse, toute faite d'affabilité, de prévenances, de petits soins, disparaît chaque jour davantage de notre petit monde égoïste et *américanisé,* où chacun songe à soi, à ses joies, à ses sensations, avec une préoccupation vraiment trop dominante et trop exclusive.

Cette politesse d'autrefois à l'égard des femmes était, ainsi que la définissait Roqueplan, une science ou plutôt un art composé de tact naturel et de sentiments acquis, un agrément extérieur qui n'empruntait rien au mensonge ni au déguisement, mais qui se glissait comme un intermédiaire moelleux entre tous les contacts et toutes les rencontres ; c'était une grâce qui dépouillait la contradiction de ce qu'elle avait de blessant, et la diversité des caractères de ce qu'elle avait de trop personnel ; cette politesse de conciliation et de haute distinction ne trouve plus aujourd'hui son emploi dans nos existences fiévreuses et nos affrontements hâtifs personnels.

Peut-être, dira-t-on, n'a-t-on plus le temps d'être poli, d'envelopper ses phrases des formes de la bienséance, de rechercher la périphrase, la métaphore, d'employer l'exorde et les précautions oratoires ; admettons-le, mais ce manque de politesse dans nos relations modernes est assurément la cause évidente et primordiale de cette sorte de détraquement de notre société et de cet état d'indépendance, de banalité de langage, d'allure bizarre, de névrose inconsciente qui caractérisent la femme contemporaine.

L'homme de ce temps est dominé par les intérêts et les affaires. Dans une lutte toujours plus pénible et plus féroce à soutenir, il doit se donner tout entier à ses inquiétudes et à sa volonté de vaincre les obstacles; absent du logis presque tout le jour, livré à une société exclusivement masculine, il a peu à peu désappris le sentiment courtois des contraintes vis-à-vis de la femme et le plaisir délicat de son compagnonnage : deux camps se sont trouvés établis à distance, presque aussi ostensiblement qu'en Orient, mais sans la même logique, le camp des hommes et celui des femmes. Les uns, accaparés par la bataille pour la vie et devenant féroces et incivils dans leur poussée vers des ambitions ou des lucres; les autres, réduites à se fréquenter, en dépit de leur goût et de leur instinct naturel.

Tandis que ceux-là guerroient pour la fortune, celles-ci n'ont plus que la ressource de sortir sous le prétexte de gaspiller les conquêtes financières de l'homme, non par besoin, mais par désœuvrement, parce que leur rôle est d'aimer et d'être aimées et que dans la demeure veuve de tendresse et de tiédeurs intimes, elles sentent le frisson de la solitude et le grelottement de leurs désirs incompris. — Dans ce camp des dames, les visites reçues et rendues, les courses, les emplettes, les soins généraux du *home* tiennent en partie les heures de la journée; mais nous ne serions pas étonné que notre pauvre contemporaine n'éprouvât à ces diverses occupations futiles d'autre plaisir que celui d'échapper momentanément à ses pensées d'ordre intime et obsédant.

Elle se sent esseulée, la chère créature, démunie de

tout ce qui la faisait souveraine jadis ; elle a quelque chose
de ce mystère, de cette tristesse, de cette froide banalité
d'une église déserte d'où les saints sacrements et les sacrifices du culte sont bannis. — Déesse sans Olympe, elle
cherche partout l'étincelle de sa divinité, et, voyant qu'on
a désappris le chemin de son temple, elle s'est lancée dans
les extravagances du dehors, fouettant sa vie à l'exemple
des mâles,   se masculinisant même, s'efforçant de

ne plus penser, de ne plus rêver, de ne plus trôner, effarée,
étourdie, donnant de la tête en tout lieu comme une légère
hirondelle soudainement privée de la couvaison de son nid.

   Pendant les dix-huit années de la monarchie de Juillet,
un nouveau monde social s'était formé et développé peu
à peu ; les romans de Mme Sand, de Balzac, de Soulié, les
poésies d'Alfred de Musset, de Lamartine et de Victor
Hugo avaient imprimé un pli spécial aux caractères des
jeunes femmes de la dernière génération ; toutes étaient
avides d'hommages et de célébrité. « Hardiesse dépensée,
élégance un peu cavalière, peu de politesse, même avec le
meilleur air ; des nerfs sans vapeurs, une sensibilité sus-
ceptible d'émotions profondes, mais seulement pour des

causes positives et surtout pour des questions d'intérêt :
tels sont, écrivait, en fin observateur, le Dr Véron, les
traits distinctifs des femmes plus ou moins politiques,
plus ou moins à la mode sous le règne de Louis-Philippe. »

« Dès ce moment, dit l'auteur des *Mémoires d'un bourgeois de Paris,* on eut le règne du faubourg Saint-Honoré,
du faubourg Saint-Ger-
main, et bientôt l'avène-
ment de la place Saint-
Georges. Chaque
quartier de Paris
affichait, en effet,
des mœurs diffé-
rentes, dont le
contraste ne
pouvait en au-
cune façon se calculer, s'apprécier d'après les distances. On vit
alors apparaître, aspirant à la
célébrité frivole et passagère de
la mode, de jeunes femmes ayant
du charme sans doute, de l'élé-
gance toujours, mais une élégance plus constamment riche
et recherchée, un certain esprit, mais revenu aux choses
positives et que le vaporeux n'enivrait plus ; une précision
de but et de volonté qui se suivait sans effort au milieu
des plus diverses et des plus brillantes dissipations. Dans
ce monde d'alors, la fortune tenait une grande place,
comme toujours, mais une place certainement plus comptée
et plus marquée ; on prenait du plaisir à faire montre de
richesses, soit par de coûteuses parures, soit par une
recherche d'équipages soigneusement attelés, soit par un
luxe d'ameublement, n'excluant ni les arts ni la haute

curiosité. On ne sau-
rait récuser ni mé-
connaître ces traits
distinctifs des femmes
à la mode sous la mo-
narchie de Juillet; il
suffirait de citer quel-
ques noms, si on osait
se le permettre, pour
personnifier et pour
illustrer ces études
légères. »

Sous le second
Empire, la femme
française ne fit qu'accentuer les tendances que l'on vient
d'exposer, tout en perdant encore beaucoup de sa politesse
et quelque peu de sa grâce discrète. — A cette époque, on
eut la grande tristesse de voir se produire la confusion des
mondes ; les courtisanes, les célébrités à huit ressorts qui
s'étaient tenues jusqu'alors dans la pénombre sociale,
commencèrent à s'afficher en pleine lumière. Elles ne se
dissimulaient plus maintenant dans des loges grillées ou
des coupés bien clos ; elles gagnaient peu à peu le haut du
trottoir, chaque jour plus hardies, plus désireuses de tenir
leur place au soleil. Le demi-monde fut créé ; la presse
encouragea les déclassées, parla de leur beauté, de leur
charme, de leur esprit naturel, vanta le bon goût et l'ex-
centricité de leurs toilettes ; il fut question dans toutes les
gazettes de ces reines de la main gauche dont on ne clan-
destinait plus les amours ; le reportage pénétra dans les
boudoirs des actrices, des lorettes et des filles : on parla
tour à tour d'Alice Ozy, de Mme de Païva, d'Esther Gui-
mond, d'Andréa la Colombe, de Mogador, de Cora Pearl,

de Finette, de toutes les *esbrouffantes* de la haute et basse galanterie ; on intéressa le public à ces créatures auxquelles on élevait tout à coup une sorte de piédestal. Les femmes bien nées s'occupèrent insensiblement des mœurs et des modes de ces dames de petite vertu ; les mondaines et demi-mondaines, qui se connaissaient secrètement par les confidences réciproques d'un mari ou d'un amant commun, qui servait de trait d'union entre elles, arrivèrent à s'observer en rivales, à se toiser sur le même pied d'égalité, à se coudoyer sur les hippodromes des Courses, dans les bals d'Opéra, dans les kermesses et les fêtes de charité ; elles eurent les mêmes couturières, les mêmes modistes, et dans un concours de beauté et d'élégance elles luttèrent effrontément de désinvolture et de *chic*. Ce fut une révolution totale dans nos mœurs, un 89 d'un nouveau genre où l'on revendiquait les droits de la fille, car, selon le mot charmant d'un homme d'esprit : « La canaille féminine venait, elle aussi, d'ouvrir ses états généraux. »

Ce fut l'anarchie complète ; le *monde,* dans son acception de suprême politesse, n'existait plus ; les réunions de sociétés se firent rares, les salons se dépeuplèrent ; le

faubourg Saint-Germain cessa d'attirer toutes les aristocraties d'autrefois ; seuls, les intérêts, les ambitions, le
plaisir se rencontrèrent sous les mêmes lambris et donnèrent un faux semblant de vie à l'ancienne société française
Nos gouvernants, renouvelant la question de Louis XIV
qui souvent demandait à propos d'une solution complexe :
Qu'en pense Ninon? pouvaient interroger à leur tour les
uns et les autres sur mille et un sujets
du jour par cette phrase : *Quel peut
bien être le sentiment de ces Dames?*

La fille, en effet, a pris rang aujour-
d'hui dans la société, et il est très *nouveau jeu* de s'intéresser à ses fantaisies,
à son esprit, à ses toilettes et à son *style,*
dans le *chic* de sa livrée, de ses amants
et de son écurie. — Il est sans exemple
qu'une femme qui sait son monde montre
d'autres sentiments que celui d'une
complaisante curiosité , lorsqu'il est
question d'une *belle petite* honnêtement
entretenue et en situation de faire bonne
figure un peu partout.

Le Demi-Monde est, du reste, de-
venu un autre État, comprenant les rangs les plus variés,
les castes les plus amusantes, les aristocraties les plus
bizarres. Il y a le Demi-Monde des sports, celui de l'art
dramatique, le Demi-Monde des beaux-arts, celui du
parlementarisme, et parmi tous ces Demi-Mondes, parfois
infiniment plus rigoristes que le vrai monde, on compte
les petites femmes les plus influentes, les plus séduisantes,
et parfois les plus spirituelles, car les irrégulières volon-
taires, les insoumises au préjugé, les indépendantes,
sortant d'excellentes familles, y sont parfois aussi nom-

breuses que les déclassées ou que les pauvresses parvenues.

Les relations régulières des ménages sont souvent métamorphosées par la facilité des mœurs créées par un abandon ouvertement affiché de la loi monogamique; il en résulte des complaisances bénévoles qui donnent à l'adultère un caractère officieux, soit du côté de la femme, soit du côté du mari, et même des deux côtés à la fois.

Nos contemporaines sont, il faut bien le dire, les victimes de cet état social contre lequel elles ne peuvent s'insurger; livrées à elles-mêmes, habituées à toutes les confusions des classes, des rangs et des mœurs, forcées à l'indulgence, aux compromis de dignité et de conscience, elles subissent la morale courante qui les entraîne parfois plus loin qu'elles ne voudraient aller; leur vie est par là même désorbitée, déséquilibrée, sans centre, ni pondération; elles tombent, en conséquence, aux extrêmes dans le *meilleur* ou dans le *pire*. Les femmes de ce jour sentent qu'il n'est plus de bon goût, comme sous la Restauration, de cacher ses péchés, de voiler son âme et d'abriter ses sentiments dans le nid tendre et intime des choses frileuses et délicates; la plupart, tout en affichant par mode des vices qu'elles n'ont pas, des extravagances superficielles et contraintes, demeurent, en secret, des incomprises, des révoltées contre la cuistrerie envahissante, des attristées de cette existence

30

pour elles si banale, si vide, si creuse et si désespérante.

Comment ne pas comprendre les scandales qui éclatent chaque jour, apportant des révélations inquiétantes sur des intérieurs parisiens! — Comment ne pas admettre ces impétueuses recherches de la femme moderne pour sortir de son cadre glacé et découvrir des possibilités d'être même dans la pratique d'amours artificielles ou de tendresses anandrynes!

La Française est une créature essentiellement vouée à l'amour par sa nature, son éducation, le milieu galant qui l'entoure et aussi par le décor et l'air ambiant de nos grandes villes qui enveloppent sa personnalité d'une atmosphère de désirs. A peine mariée, cet amour qu'on lui avait exposé comme devant peindre à fresque les murailles de sa vie, ce grand amour omnipotent s'éclipse avec le faux amoureux, tandis que seule, avec son bagage de sensations inéprouvées, la triste désillusionnée cherche des revanches ou des compensations naturelles et extraordinaires. En faut-il davantage pour expliquer les adultères et les mœurs grecques, qui ne sont que les conséquences d'un besoin de tendresse dominateur exigeant ces petits soins, ces gentillesses câlines, ces agenouillements dévots que bien des hommes n'ont plus ou que le surmenage du temps ne leur permet plus d'avoir?

Après la cruelle guerre de 1870-71, le rire s'est éteint en France, bien qu'on ait tenté en littérature et en art de faire revivre le vieil esprit gaulois, les grivoiseries d'un autre âge, les contes gras et les historiettes gaillardes. En dépit de toutes ces titillations de la rate et du cerveau, le rire n'éclata plus franchement, dans notre pays, avec sa sonorité de clairon, avec sa stridence de chant gallique; le rire français n'est plus, hélas! qu'un sourire pâle de convalescent, un sourire nerveux, bienveillant, superficiel,

attristé, presque exsangue ; la gaieté n'est plus dans l'âme
de la nation, le pays boude et se désespère comme un
joueur battu, blessé dans son orgueil et désillusionné
dans sa rare confiance en son étoile.

Les grandes assemblées mondaines et les fêtes joyeuses
ont peu à peu perdu de leur éclat dans notre société démo-
cratique : plus de gala ni d'apparat, plus de richesses
prodiguées dans les soirées, mais plutôt
des réunions calmes, assez incolores et généralement exemptes de cette gaieté courante
qui est comme la fleur de la vie et du plaisir.
Les femmes, parquées à part dans les salons,
demeurent assises, occupées à de vagues
causeries sans passion, tandis que les
hommes debout, au fumoir, au jeu ou dans
les embrasures des portes, parlent politique,
sport, finances ou galanterie. Le combat des
sexes n'existe presque plus ; ce joli jeu du
marivaudage, où deux esprits s'aiguisent,
s'affinent en se cherchant par mille feintes
et détours, ne se voit plus que rarement
dans nos grises fêtes du soir ou nos *after-
noon teas*. Paris devient triste, il n'y a pas à se le dissimuler ; les boulevards n'ont plus de vie nocturne et sont
déserts et d'un aspect désolé dès onze heures du soir.
On peut se demander où et quand on agite encore les
grelots de la folie ? Tout le monde s'est rangé dans une
monotonie d'habitudes régulières ; la courtisane elle-même
est devenue positive, ordonnée, correcte, et il faut aller à
Londres, à Vienne ou bien dans quelques turbulentes cités
d'Espagne ou d'Italie pour retrouver l'image de la vie
grouillante de gaieté, de bruit, de mouvement, qui s'est
exilée de la ville-lumière.

A nos mondaines, il ne reste plus que cet art de la
coquetterie, que ces recherches de l'habillement qui sont
comme des temps de repos dans leur ennui latent et leur
recherche *d'autre chose ou au delà*. Tapies dans leur intérieur, elles s'efforcent de peupler leur solitude de bibelots
gais et éclatants, de coloris, qui mettent des notes claires
et fraîches dans la monotonie grise de leurs journées.

Elles empruntent à l'Orient ses chaudes
lumières d'art, ses chatoyantes draperies, ses
bariolages bizarres, son chromatisme merveilleux. Elles s'affolent du Japon, de ses
crépons, de ses écrans, éventails, laques et
bronzes, de ses peintures sur étoffe, car elles
retrouvent partout dans ces conceptions exquises de fraîches aurores, d'étonnants pay-
sages fleuris, des rêveries poétiques pleines
d'oiseaux, de fleurettes, d'iris et de fruits
incarnadins. — Leur imagination revit
tout à coup à la vue de ces ciels fantastiques, rompus de tons francs et
mourants ; leur rêve se perd
dans des horizons prismatiques
qui créent, grâce au mirage de leurs yeux, une pseudo-
chromie charmeresse, une évocation de choses infinies,
noyées dans des lointains illusoires.

Artistes à leur manière, elles s'efforcent d'occuper
leurs loisirs par des combinaisons originales dans l'ordonnance de leurs toilettes et de leur intérieur ; elles se
passionnent pour toutes les choses nouvelles de la mode,
préoccupées d'être les premières à porter des costumes
inédits ou à arborer chez elles des fantaisies encore
inconnues; ce souci les captive fébrilement aux renouveaux
des saisons, et c'est pour elles grosse affaire que d'assister

aux arrivages d'étoffes anglaises chez le couturier ou à suivre une à une ces expositions *de blanc,* de tapis, d'étoffes anciennes qui se suivent presque sans interruption dans les grands magasins de la capitale.

On les voit, le jour, vêtues avec une grâce exquise, se promener dans ces grands bazars de nouveautés, chercheuses, fureteuses, inventoriant les soieries, les lainages, les lingeries, toutes les menues futilités de la toilette. Friandes d'occasions et de bon marché, femmes de bric-à-brac et de provisions, elles dépensent sans utilité, sans besoin, par boutade ou caprice mal défini, car le désœuvrement, l'ennui du *home,* le frisson solitaire et glacé de leur âme, les chasse du logis et les conduit par une recherche de distraction et d'oubli dans ces vastes magasins, où elles rôdent sans fin. Là, elles s'attardent sans raison, trouvant au milieu de cette cohue féminine, dans ces écrasements, ces frôlements, ce va-et-vient perpétuel, comme une sensation très alambiquée, très complexe de griserie morale, profonde et malsaine. Elles y subissent, à vrai dire, comme une impulsion d'activité, un mouvement de fièvre, qui les sort d'elles-mêmes et de cet alanguissement troublant dont la fadeur les attriste chaque jour de plus en plus.

En résumé, la femme contemporaine, très intellectuelle, très affinée, très apte à saisir les moindres nuances des choses, se sent inconsciemment emportée par la grande activité électrique de ce temps qui pousse l'humanité à une action sans trêve. Le malheur pour elle est qu'en dehors de la famille et des œuvres de charité qu'elle

soutient si souvent, la vie ne lui offre que des buts vagues
et aléatoires pour la dépense de ses facultés agissantes.
Elle voudrait se prodiguer, se dévouer, lutter, elle aussi,
pour des combats glorieux, et son intelligence déjà la
pousse vers les sciences et les arts : nous avons des femmes
médecins, des avocates, des docteurs en droit, des femmes
sculpteurs et peintres en abondance. Ce n'est qu'un début ;
il y a dans les grandes villes comme Paris une polarisation
de fluide intellectuel qui pousse tout le monde à l'action ;
nos contemporaines n'y échappent pas, et ce dont elles souf-
frent le plus, c'est de leur rôle passif dans une société active.

Les modes modernes tiennent essentiellement à cet
esprit inquiet, chercheur et artiste de nos contemporaines ;
la toilette demande aujourd'hui à l'art ses meilleures créa-
tions et quelques-unes de nos modes ne sont que simples
copies de tableaux de maîtres. On s'occupe de toutes parts
de l'art de la femme ; tout ce qui peut concourir à sa grâce,
à la beauté de ses formes, aux charmes de son visage, est
étudié avec des soins minutieux. Depuis dix ans, les vieux
dessins, les vieilles étoffes, les anciennes dentelles et les guipures, les vieux points qui firent la célébrité de certaines
contrées sont généralement remis en honneur. — On prend
partout selon son bon goût et le caractère de sa physionomie ; dans une même réunion, on verra un camail régence
à côté d'un justaucorps lacé à la Marguerite de Faust, un
corsage inspiré de la Restauration non loin d'une jupe tombant droite à la manière des toilettes du premier Empire.
On vit du passé et du cosmopolitisme à la fois ; on recherche les gravures de modes, on s'en inspire, on les
confond, on les unit, et souvent, de dix toilettes dissem-
blables, conçues à des intervalles de vingt ans, on crée un

type de costume original, charmant, d'un goût ravissant. Les couturiers et couturières parisiens, les Worth, les Laferrière, les Pinga, les Félix, les Rouff, les Redfern et tant d'autres admirables maîtres en l'art de concevoir et d'exécuter robes et manteaux, font revivre dans des toilettes inimitables l'histoire de France tout entière. — La mode existe-t-elle encore avec de tels créateurs fantaisistes ? — On pourrait croire le contraire ; la Mode des modes tend de plus en plus à faire son apparition ; ce nouvel usage inaugurera un uniforme général pour les gens affairés, hâtifs et sans goût ; pour les profanes qui s'achalandent aux confections, comme d'autres se restaurent au bouillon Duval, tandis qu'il fera naître, d'autre part, une diversité de costumes bizarres, sans expression ni caractère absolument définis, sans ensemble, mais originaux individuellement et dont les véritables élégantes qui tiennent encore à la personnalité rechercheront toujours le cachet distinctif.

Il est facile de voir que, depuis quinze ans, les femmes du haut monde se soustraient de plus en plus à l'influence tyrannique d'une mode régnante ; toutes vont de l'avant ; la foule suit, mais l'élite ne subit que son inspiration et ne relève que d'elle-même ou des couturiers créateurs. — La simplicité seule domine partout aujourd'hui et reste la marque délicate du bon ton, de la distinction et de la véritable aristocratie du goût.

J'extrait du carnet d'une courriériste de *l'Élégance* cet aperçu des modes du jour au début de cet hiver 1892-93 :

« Le royaume de la mode est en pleine révolution en

ce moment. Il y a deux mois, la tendance s'accusait, se rapprochant des modes de l'Empire, et, pour cet hiver, il y était formellement prédit, l'abolition des tailles de guêpe, toutes les toilettes devant avoir la ceinture franchement remontée sous les seins.

« Dès l'apparition des nouveaux modèles, toutes les femmes un peu fortes se sont récriées. Il est de fait que ces modes ne feront que les engoncer; les femmes sveltes, dont une taille mince est souvent la principale, si ce n'est l'unique beauté, ont crié plus fort encore sur l'impossibilité de se laisser affubler d'un costume aussi disgracieux, à leur avis. Devant de telles protestations, il a fallu vite trouver autre chose, et pour faire du nouveau, on est allé reprendre les modes du règne de Charles X, cette époque n'ayant encore servi qu'une fois.

« Nous ne voyons pas beaucoup ce que les trop grasses ou les trop maigres y auront gagné, ce genre de toilette comportant des jupes les plus étroitement bridées sur les hanches qu'on ait jamais portées. Au reste, n'est-ce pas, les modes ne sont inventées que pour les femmes jolies qui embellissent de leurs grâces tout ce qui les pare ? Les autres s'en arrangent comme elles peuvent... le plus souvent s'en arrangent mal.

« En réalité, on portera et les modes de l'Empire, et les modes de 1830. Nous aurons les différents styles adaptés aux différentes obligations de toilette d'une élégante, et une jolie femme tant soit peu fantaisiste et capricieuse pourra se faire admirer, dans une même journée, dans la grande variété de ses déguisements. Le

matin pour ses courses, ou sa promenade d'avant midi,
elle adoptera le costume tailleur, genre anglais, d'une coupe
toujours un peu masculine, mais qui lui redonnera en
distinction ce qu'il lui ôtera de charme féminin. Dans ses
visites de l'après-midi, sa pimpante originalité pourra
s'amuser à faire revivre les grâces un peu rococo de l'une
de ses arrière-grand'mères ; et, chez elle, dans ces récep-

tions, la
toilette

Empire, qui se prête
à tant de fastueuses
fantaisies, est tout
indiquée. Pour le bal
encore, le genre Empire; mais un de nos grands couturiers
annonce déjà qu'il veut imposer en cette saison le style
Louis XIII pour toutes les solennités pompeuses où le
grand luxe peut trouver place. Voilà donc un caprice
nouveau que pourra tenter notre fantaisiste coquette.

« De tous ces styles, les manches présentent à peu près
toutes le même aspect, c'est-à-dire qu'elles sont toutes
d'une ampleur presque exagérée; leurs bouillonnés prennent autant d'étoffe qu'une petite jupe. Elles sont la
plupart faites en velours, ou tout au moins le haut; car
les manches sont en ce moment faites de deux ou trois

pièces, employant deux ou trois matériaux différents.

« Donc, le haut est presque toujours en velours, d'une teinte le plus souvent différente de l'étoffe employée pour le corsage, quelquefois même d'une teinte qui ne se retrouve en aucune autre partie du costume, et ceci prête à de très originales fantaisies. Les velours changeants, aux nuances chatoyantes, et de coloris si heurtés et si harmonieux tout à la fois, ont trouvé leur emploi dans cette combinaison de la mode. Une robe d'aspect assez simple, de couleur sombre, ayant sa note éclatante dans l'originalité, et la couleur disparate de ses manches, voici la toilette typique en ce moment.

« L'espace nous manque pour parler longuement des chapeaux d'aujourd'hui. Tout ce qu'on peut en dire, c'est que jamais on n'a été plus loin dans la recherche de la fantaisie et de l'originalité. Il n'y a pas de mode proprement dite ; il n'y a que la création, l'inspiration journalière de telle ou telle modiste en vogue. Les modèles lancés, on les copie tant bien que mal. L'une fait très léger, l'autre fait très lourd. En somme, on ne sait pas encore lequel des deux genres l'emportera.

« Ce que la véritable élégante veut avant tout, c'est le non vu, quelque modèle inédit et exclusif, autant que possible ; elle évitera par-dessus tout le chapeau que certaines maisons débitent à la grosse. »

Cent pages ne suffiraient point pour parler des modes de la femme moderne ; il y aurait partout un chapitre très suggestif et très exquis, celui des *dessous*, qui n'ont jamais été plus jolis, plus coquets, plus ingénieux et plus troublants. L'an prochain, dans un livre très spécialement consacré à *Nos Contemporaines,* nous aborderons amplement tous ces aimables sujets que nous ne pourrions, en vérité, même traiter ici à la légère.

La conclusion de ce livre est sous nos yeux ; nous risquerions de passer assurément pour un mécréant ou pour un maladroit dans l'esprit de nos élégantes lectrices en prétendant exposer et étaler en quelques pages les types variés des costumes du jour ou bien encore remuer tous les chiffons catalogués du *Bonheur des Dames.* Pour aisé qu'il puisse paraître de nous montrer ici analyste à tous crins, sous une forme originale, nous renonçons volontiers à faire exposition de cette facile vanité. Nous avons écrit cet ouvrage, au courant de notre inspiration, comme une simple flânerie à travers la société, ses mœurs et ses recherches dans l'art du vêtement. Ce n'est, à proprement parler, ni une histoire complète de nos usages, ni un tableau définitif des élégances parisiennes ; ce serait plutôt une suite d'aperçus sur la vie frivole de ce siècle, un panorama instantané où nous nous sommes efforcé de réunir à l'aide de documents exacts et frappants l'expression des époques disparues et de donner la sensation furtive des plaisirs mondains à certaines dates de ce XIXᵉ siècle expirant, si prodigieusement gonflé d'événements de tout ordre.

Nous avons esquissé à la plume la physionomie mouvante des coquetteries de la toilette, apportant, autant que possible, une sorte de couleur locale, comme un extrait de l'air ambiant, spécial à chaque époque, dans toutes nos légères descriptions. — Arrivé au terme de la route, ces

pages, dans leur ensemble, ne nous paraissent point faites pour déplaire à nos lectrices et nous ne pensons pas qu'elles les puissent choquer même en raison de l'étranglement voulu des détails et du manque de développement et de mise en scène dans l'exposition des costumes.

Quoi qu'il en soit, cette œuvre de monographe musard, capricieux et indépendant, toute sautillante et incohérente qu'elle puisse paraître, aura le mérite d'être placée en avant-garde de toutes les publications qu'on fera avant peu sur les grandes et mirifiques manifestations sociales du XIXᵉ siècle. — Nous avons réduit nos prétentions sous un aimable petit format, pour être mieux accueilli par la généralité des lecteurs et lectrices ; si quelque jour nous entreprenons une Histoire des Modes de 1789 à nos jours, nous serons assurément plus grave, plus majestueux, plus solennel ; on nous consultera alors comme un vieux père conscrit de l'érudition minutieuse, logique et systématique, mais, hélas ! on ne nous lira plus comme un encore jeune et simple voltigeur de la fantaisie vagabonde.

— L'*Art de faire court* devient en ce siècle chaque jour davantage un mérite plus absolu et plus rare.

Le cri des futurs historiens de ce siècle sera sans doute : *Déblayons!*

Dans cette série de chapitres je n'ai pas d'autre prétention que d'avoir consciencieusement déblayé le panorama social de ce temps.

FIN

TABLE DES CHAPITRES

www.ingramcontent.com/pod-product-compliance
Lightning Source LLC
Chambersburg PA
CBHW070754270326
41927CB00010B/2137